Walter F. Meyer   Hochverehrte Festgemeinde!

©1989 Buchverlag Basler Zeitung
Druck: Basler Zeitung, 4002 Basel
Printed in Switzerland
ISBN 3-85815-181-5

Walter F. Meyer
Hochverehrte Festgemeinde!

Mit Zeichnungen von Walter Grieder

Buchverlag Basler Zeitung

Vom schönsten Tag in ihrem Leben

Jedes gediegene Fest, das etwas auf sich hält, hält Ehrendamen: Das berühmte Ewig-Weibliche ziehet sogar sie hinan, die Feld-, Wald- und Wiesenfeste der Heimat. Ehrendamen garnieren denn auch verregnetste, tristeste Feste zum duftigen, süssen Dessert. Ehrendamen lösen in Ehrengästen, in Festrednern und Regierungsräten, jedoch auch in gefreuten normalen Festbesuchern das geheimnisvolle innere Leuchten aus.

Ohne den Zauber von Ehrendamen wären die gesammelten Anlässe der nationalen Festhütte Schirme ohne Überzüge, denen das Gestell fehlt!

Weiter: Ehrendamen sind selbst im hintersten Krachen ausnahmslos reizend. Kein einziger Zeitungsschreiber kann es deshalb unterlassen, in seinem Bericht über das glanzvolle Jubiläum «Fünf Jahre Kleinmotorradfahrerinnenverein Pfupf» die sechzehn eingesetzten Ehrendamen als ausnehmend hübsch, ja verführerisch reizend zu schildern. Bei den Festreportern gilt ja das ungeschriebene Gesetz, Ehrendamen in jedem, ja in jedestem Fall als bildschön darzustellen – der schlichte Grund: In täglichen Presseerzeugnissen, in die man bereits am Abend Kohl und Kabis wickelt, erscheinen Ehrendamen deshalb nie als nur beschränkt schön, weil es bei Frauen unbekanntlich immer zwei Arten von Schönheit gibt: a) die äussere und b) die innere.

Die innere nun zählt auf Spezialgebieten weit mehr als die äussere. Beispielsweise in Sachen Ehrendamen. Selbst junge Damen, die garantiert nie von Hollywood entdeckt werden, strahlen in ihrem ehrenvollen Job optimal, weil sie eben von innen heraus optimal schön sind – hat man das leidlich begriffen?

Und genau darum spielt die Symmetrie des Gesichts überhaupt keine Rolle: Eigentlich schön werden Frauen erst durch die Liebe und vor allem durch die Ehre! So schön, dass wir Festreporter in 101 von 100 Fällen die Zeitungsspalten ausschliesslich mit ungemein reizenden Ehrendamen füllen können.

Ja, und so harren Ehrendamen deshalb in beglückendem Lampenfieber der Bläser aus Grosskleinfuntelen. Denn unter der Linde des Schulhausplatzes schenkt ihr Manager (der Empfangschef mit der riesigen blauen Rosette am Revers) bereits wie vergiftet den kühlgestellten Weissen in funkelnde Silberpokale. Schon deshalb wirkt der Glorreiche wahnwitzig feierlich und würdig, weil Empfangschefs von Natur aus – also gottgewollt – eine gediegene Angelegenheit, eine Augenweide, sind.

Sollten da frisuriell und so frischrevidierte Ehrendamen beim faszinierenden Zeremoniell nicht mit profilike getuschten Wimpern klimpern dürfen?

Gut, nach dem Weinerlichen Countdown dann wird es

ernst. Zackige Marschklänge künden akustisch umwerfend den Beginn des festlichen Grossabenteuers an: Mit ihrem im Fernsehen abgeschauten und vor dem Spiegel ausprobierten charmantesten Zahnpastalächeln überspielen die vier lieblichen Damen der Ehre in den Startlöchern ihre Nervosität. Wobei die gesammelten stolzgestrafften Freunde der erwähnten Dorfschönsten den ruhmvollen Auftritt mit klikkender Pocket oder gar mit dem Videoknipskästchen festhalten: Die absolut zeitlosen Colorgrosskopien klebt man später auf den hintern Deckel der ehrwürdigen Familienbibel (Innenseite), während auch die Videokassetten für Urgrossmamis «Jaja, damals, schööön war's!» wie Heiligtümer in besondern Safes für die Nachwelt aufbewahrt werden.

Man merke: Der allerwichtigste und der allerschönste Tag im Leben einer Frau ist weder die Geburt noch die Hochzeit. Ohne Geborenwerden ist das Leben zwar auch nicht gerade interessant. Und der Hochzeitstag gilt in diversen Familien (auch guten) als der einzige ungetrübte Tag der Ehe. Der absolut unschlagbare Tag der Tage, Freunde, aber ist das Wochenende, an dem die junge Frau/Jungfrau Grosses tun darf: Als überglückliche Ehrendame das Gründungsfest des interkantonalen Stabheuschreckenzüchterverbandes zum weithin strahlenden, unvergesslichen Fest der Feste emporschmücken. Nein, höher geht's nimmer, Ehrenwort!

Tatsächlich strahlt von Ehrendamen ein unvergleichbarer

Zauber aus. Alles an diesen wunderbaren Produkten einer grosszügigen Natur wirkt duftig, leicht, traumhaft schwebend, elegant, eben himmelanziehend. Allein der Schein trügt auch hier: Umgekehrt proportional verhält sich das traumhafte Schweben von Ehrendamen zu der von ihnen zu leistenden Schwerarbeit. Wohl kein anderer Stress belastet das vegetative Nervensystem dermassen brutal wie dieser leuchtende Sonntagsjob: An sämtlichen Festen leisten ausgerechnet die Zartesten die Schwerarbeit! Bis zum bittersüssen Ende stehen und rotieren diese im anstrengendsten Körper- und Nerveneinsatz. Ja, und dazu lächeln sie erst noch – Keep smiling rund um die Uhr – Ehre solcher Selbstaufopferung an tosender Front!
Nach dem Abtränk-Ritual (Empfang der Gastvereine) haben sie ja in vollendeter Schönheit den Begrüssungsredner zu flankieren. Links und rechts des Pültleins stehend. Mit mächtigen Blumensträussen in beinahe schon schwieligen Händlein. Zugegeben, das ist nicht weiter tragisch, wenn der Herr am Pult für seine Kurzansprache nur etwa eine halbe Stunde benötigt. Durchschnittlich nach einer Dreiviertelstunde hingegen beginnen nicht bloss die Gesichter der Festreporter käsig zu werden: Auch die Ehrendamen haben später auf den Dias einen merklichen Grünstich. Das Labor freilich kann nachweisen, dass es sich nicht um einen mangelhaft ausgefilterten Grünstich handelt, sondern dass die entzückenden Gesichtchen tatsächlich grün waren.

Indessen: Die ärgsten Strapazen stehen den auf hübschen Beinen heroisch kämpfenden Dorfkostbarkeiten noch bevor. Dann nämlich, wenn während des Jubiläumsaktes muntere Siebziger im dritten Lebensfrühling mit einem weithin durch die Festhütte schallenden Schmützli den Ehrentrunk verdanken. Da bleibt bei den Ehrendamen keine Wange trocken!

Diese Ehrendamen-Malträtierung mittels Knacker-Drucksachen ist für Festbesucher denn auch eindeutig das Kolossalste: Sobald rüstig gebliebene Ehrenveteranen die nur noch leise vor sich hinbetenden Ehrendamen vom Dienst in den Clinch nehmen, bricht in jeder Festhütte orkanartiger Beifall aus, es beginnt zu tosen und zu toben, beinahe stürzt die Festhütte ein – die Show der Shows, kein Showstar absoluter Weltklasse könnte die Festbesucher dermassen von den notdürftig gehobelten Bänken reissen wie Schaggi Schwertfeger! Schaggi, der früher gefeierter Nationalturner war und der seiner dreiundsiebzigeinhalb Jahre zum Trotz beim Applizieren des saftigen Dankesschmützleins wie einst im Mai die nach Atem ringende Ehrendame aufs Kreuz zu legen droht. Oh, dass man solches noch erleben durfte!

Wahrhaftig, Ehrendamen leiden, ohne zu klagen. Und die Menge tobt weiter. Nach dem Festakt darf wenigstens der OK-Preesi in die Kabine flüchten, um sich pflegen und massieren zu lassen. Für die total erschöpften, vor dem Rednerpult zerfledderten und fast zugrundegeküssten Ehrendamen jedoch ertönt bereits der Gong zur nächsten Runde: So charmant müssen die Tombolalöslein angeboten werden, dass die hoffnungsfrohen Käufer selbst nach dem Ziehen von dreissig Nieten den Himmel offen sehen: Mit dem Materiellen war's in Gottesnamen nichts. Aber der veranstaltende Verein braucht zur Pflege der Kultur nun eben Klang. Und schliesslich waren die Ausschnitte der Löslidamen auch nicht ohne!

Item, so und ähnlich haben die Jungfrauen der Ehre die ehrenvolle Pflicht, jenen Prominenten Ehre zu erweisen, denen Ehre gebührt. Vor allem Ehrengästen, so vom Regierungsrat an aufwärts (blaues Doppelmäschli). Auch Regierungsräte schliesslich sind gegen den Reiz des Ewigweiblichen nicht immun: In Festhütten werden sie nicht selten Menschen – dort dürfen sie's sein! Das macht mir sogar Erziehungsdirektoren sympathisch. Je später der Abend, je leerer die Flaschen, desto offener werden dank dem unvergleichlichen Charme zweibeiniger Zitronenfalter ja selbst Erziehungsdirektoren – Regierende leben nicht vom Regieren allein, gottseidank! Wohldosierte Ausschnitte von Ehrendamen sind deshalb selbst auf höchster Ebene nie für die Katze, höchstens für den Kater!

Dank solchen Ausschnitten bekommen übrigens die einen Ehrendamen innert nützlicher Frist einen Freund bis Bräutigam, die anderen hingegen bloss eine Bronchitis. Diese verdienten sie aber wirklich nicht. Denn Ehrendamen sind und bleiben der festliche Segen, der seinesgleichen sucht. Mit Panorama-Ausschnitt (siehe oben). Ja sogar ohne!

Euch Gemeinderäten gehört die Zukunft!

Die Menschheit zerfällt in zwei Gattungen: a) in Führende, b) in Geführte. Und das ist gut. Eindeutig wusste der Schöpfer, warum er es so einrichtete. Stellen Sie sich vor, er hätte nicht. Also bloss eine einzige Kategorie angeblich hochentwickelter Lebewesen, kein sowohl als auch – nicht auszudenken!

Wer's trotzdem ausdenkt: Wären ausschliesslich Führende erschaffen worden, gäbe es zwischen den Kriegen keine Pausen. Existierten dagegen bloss Geführte, wäre die Menschheit längst ausgestorben (verhungert). Geführte treten nämlich als rassenreine Phlegmatiker auf. Sie bevorzugen die Ruhe, säen nicht und ernten doch, vertrauen auf die Führenden: Diese werden's schon richten – was Führende tun, das ist wohlgetan!

Es leben drum die Führenden. In der Regel tragen diese den geheimnisvollen Bazillus des Führenmüssens schon bei ihrer segensreichen Geburt in sich. Wissenschafter haben denn auch herausgefunden, Führende würden stets als Führende geboren, und zwar

a) direkt, b) indirekt. Kompliziert, nicht?

Direktveranlagung allerdings unproblematisch (das Bedürfnis zu führen ist hier eindeutig gottgewollt). Indirekt

eigentlich auch: Solche Leute (in Glücksfällen Menschen) sind schon kurz nach ihrer Geburt zum Führen verdammt, weil sie kompensieren, also einen hübschen kleinen bis hässlich grossen Minderwertigkeitskomplex auszugleichen haben. Roter Haare wegen. Oder weil sie (mit gewaschenen Füssen) bloss einssechzig messen. Seelenheilkunde und Weltgeschichte nennen hier konkrete Beispiele!
Konnte man meinem Fachkolleg einigermassen folgen? Danke.
Dann wäre es notdürftig erhellt, das Phänomen.
Ja, und eben darum werden sie geführt, nach wie vor, für und für. Die Geführten von den Führenden. Die Wölflein (von den Pfadi-Oberen), die Hunde (von ihrem kynologisch ehrgeizigen Meister), die Rekruten (von ihren Korporalen, die vielleicht nur einssechzig haben).
Und siehe, auch das ist gut. Oder sind Ihnen Hunde/ Rekruten bekannt, die sich gegen dieses System aufgelehnt hätten?
Tun wir den nächsten Schritt: Straffes Führen in den genannten Bereichen sowie in anderen ist erwiesenermassen in Höheres ein zweckmässiger Einstieg, denn: Früh krümme sich, was ein Häkchen werden will! Für eine grosse Karriere als Führender freilich verhält die startdienliche Führerrolle in der Jugendumweltschutzorganisation «Kampf der Alufolie» nicht: Diese führte nie über die Anfängerklasse hinaus. Nein, ein künftiger grosser Führender bedarf weiterer, längerer Schritte!

Vor allem muss er in der hohen Politik ansaugen, meine Lieben! Welcher Führende in spe wüsste nicht aus wunderbarem Instinkt heraus, dass er innert nützlicher Frist eine glanzvolle Laufbahn als Bundes-, Regierungs- oder gar Gemeinderat anzustreben hat?

Obgleich das heikelste Amt, empfiehlt sich der Führungsstart unbedingt auf Stufe Gemeinde. Denn Gemeinderatsmandate sind häufiger als verdunstende Bundesratssessel. Ausserdem lernt ein/eine Gemeindevater/Gemeindemutter als Führender/Führende das Menschliche, Allzumenschliche im ganzen schillernden Spektrum kennen: Gemeinderäte sind dem gemeinen Volk (Plebs) nach wie vor näher als Bundesräte (meistens tragen sie keine gestreiften schwarzen Hosen).

Und ist ein rustikaler Gemeinderatsstuhl in der Hand nicht in jedem Fall besser als ein vürnehm gepolsterter Bundesratssessel auf dem Dach?

Sei es drum. Führungsaspiranten, die Stufe Wölfli/Hunde/Rekruten erfolgreich hinter sich gebracht haben, wenden sich gefälligst zum effizienten Aufsteigen rechtzeitig an die Ortssektion einer politischen Partei. Möglichst an eine einflussreiche – denn: Was hülfe es dem Führenden, so er den Parteibeitrag bezahlte und nähme doch Schaden an seiner Kandidatur?

Attestieren wir dem Bewerber Köpfchen. Nehmen wir deshalb an, die Kandidatur mit garantierter Unterstützung durch die lokale Partei der Parteilosen (PdPl) sei zustandegekommen. Dann hat sich der aufwindbedürftige Gemeinderatskandidat unverzüglich mit den lokalen Medien gutzustellen. Solches, weil die allmächtige Lokalpresse als anerkannte politische Königsmacherin sogar Wunder vollbringt: Schon mancher Gemeinderatskandidat wurde einzig deshalb Gemeinderat, weil er im Leuen-Hinterstübchen mit dem Redaktor des Lokalblattes rechtzeitig Bruderschaft getrunken hatte!

Merke: Ungefähr so hat es zu laufen, wenn es laufen muss.

Den Rundlauf für den enorm geeigneten Kandidaten Wirklichkeit werden zu lassen, ist dann Aufgabe von uns journalistischen Unterhunden. Wir nämlich – die Macht sei unser! – müssen über den Propaganda-Wahlabend des oben erwähnten Kandidaten so neutral/sachlich berichten, dass Druckerschwärze gerade noch einigermassen schwarz bleibt. Unter anderem haben wir im Interview mit dem Starbewerber alles von diesem gesagte Dumme/Einfältige durch Geistreiches/Gescheites zu ersetzen. Wie sonst soll eine absolut sachliche Presse Wirkung zeitigen?

Sofern es noch Geissen gibt: Keine Geiss schleckt es weg, dass wir, wir, die immer noch vielerorts verkannten Lokalkorrespondenten, über Sein oder Nichtsein von Gemeinderäten entscheiden. Wir jawohl, nur wir machen ehrbare Bürger zu Gemeinderäten – erkennt man endlich die ungeheure Macht gerade der kleinen Pressefische? Zeit wär's, weiss Gott.

Nun, in meiner langjährigen Tätigkeit als journalistischer

Königsmacher verhalf ich mit meinen bescheidenen geistigen Mitteln manchem Führungsgeilen in den Gemeinderatssattel. Aber immer war der Wahlkampf von den Kandidaten gewollt. Samt und sonders bestiegen diese das gemeinderätliche Sprungbrett zum Bundesrat im angeblichen Vollbesitz ihrer geistigen Kräfte aus höchsteigenem Willen. Um dem Vaterland in der Gemeinde, der zweitkleinsten Zelle ihrer Heimat, treu und redlich zu dienen, vor allem uneigennützig zu dienen.

Ein einziger Kandidat nur, erinnere ich mich, wurde zur politischen Führungskarriere gezwungen, von seiner Partei: der bisher unbescholtene Unternehmer Viktor Glanzmann. Politische Vergewaltigung, nannte er es an einer von ihm einberufenen Pressekonferenz. Indessen wolle und könne er sich der Verantwortung nicht entziehen, wenn das Vaterland rufe, erklärte er. «Aber nur unter schwersten Bedenken, meine verehrten Damen und Herren, nur in der festen Hoffnung, nicht als Gemeinderat gewählt zu werden, glauben Sie mir, ich suche dieses Amt nicht!»

Wäre es nicht patriotische Sünde gewesen, auf einen solchen charakterlich hochkarätigen Diener der Heimat zu verzichten?

Viktor Glanzmann wurde – nicht zuletzt dank unseres Schubsens auf der Seite Lokales – denn auch glanzvoll zum Gemeinderat gewählt.

«Um Gotteswillen, meine arme, aaarme Familie!» jammerte Glanzmann an der von ihm sofort veranlassten Pressekonferenz geschockt. O wie unbarmherzig kann das Schicksal zuschlagen!

Die Sieges- beziehungsweise Trauerfeier fand übrigens am Montag im Hotel Krone statt. Wir vom Lokalboten waren miteingeladen. Trotz allem könne man ja nicht so sein, meinte der verzweifelte neue Gemeinderat wohltuend jovial.

Dieser liess im Nachfeld seiner politischen Vergewaltigung Parmaschinken mit Mangopurée und grünem Pfeffer, Wildkraftbrühe mit Courvoisier, Chicoréesalat «Printemps», Seezungenröllchen «Tricolore», Trockenreis, Grapefruitsorbet mit Gewürztraminer, Vacherin Mont d'or, Desserts vom Wagen und edle Flaschenweine exklusiv auffahren.

Die 140köpfige Belegschaft seines bescheidenen Betriebes war erst auf Dienstag zu einem ähnlichen kleinen Imbiss mit Danksagung in den Rebstock eingeladen.

Relativitätstheorie im Küngelstall

«Berichtest du neuerdings sogar über die Einweihung neuer Küngelställe?» hänselte mich mit süffisantem Lächeln ein werter Herr Kollege. Stolz gab ich es zu. So einer sei ich also? fragen spöttisch auch Sie.
Jawohl, Freunde, Küngeler und vor allem Nichtküngeler. Warum? Darum:
Weil ich im Gegensatz zu Wählerischeren der Überzeugung bin, die Begriffe wichtig/unwichtig seien höchst relative. Weil meiner Ansicht nach nie objektiv abgeklärt werden kann, ob etwas wichtig oder unwichtig ist. Hier nämlich geht es eindeutig sowie ausnahmslos um subjektive Empfindungen. Gefälligst!
Und eben deshalb kann ein dreitägiges Glanzfest mit feierlicher Einweihung eines Kleintierstalles genau so wichtig/pressewürdig sein wie ein nationaler oder gar internationaler Anlass.
Nämlich: Für die Direktbetroffenen – hier für den Kaninchenzüchterverein Lampohr – ist besagte Einweihung nun einfach das Grösste, das Wichtigste des Weltgeschehens. Nichts Entscheidenderes gibt es, wenigstens zu diesem Zeitpunkt. Einfach das A und das O. Man merke sich das endlich!

Sehen Sie, genau das ist doch selbst in Sachen mickeriger Küngelstall das Zauberhafte: die Begeisterung, mit der sich apathisch gewordene Menschen im Zeitalter des stumpfsinnigen Konsumierens voll für eine Sache engagieren – und bestünde solche bloss im liebevollen Züchten makelloser Schweizerschecken. Jetzt sagen Sie mir bitte, ist es heutzutage so wichtig, was man tut? Muss man angesichts der grassierenden Volksseuche Passivität nicht geradezu Gott auf den Knien danken, wenn überhaupt noch jemand etwas tut? Geradlinig, volle Kraft voraus, mit Blick auf die Sache, von dieser hundertprozentig überzeugt, für sie lebend, darin voll aufgehend?
Wunderschön ist das, Sie. Sogar für Branchenfremde, Dritte.
Ja, und darum muss eine Zeitung – will sie sympathischen menschlichen Journalismus pflegen – sogar (wörtlich: sogar!) über die segensreichen Aktivitäten der Lampohr-Küngeler berichten – Ehre, wem Ehre gebührt!
Vielleicht erinnern Sie sich, früher spielte der Begriff scheintot eine bedeutende Rolle: Viele Leute bekamen eine dumpfe Angst nicht los, bloss scheinbar tot begraben zu werden – sicher keine verlockende Aussicht, oder? Später dann wuchs offenbar das Vertrauen in Medizinmänner: Kaum noch viele Leute machen sich über ein allfälliges Wiedererwachen in begrenztem Rahmen Sorgen... Der Begriff scheintot ist also seinerseits von hinnen gegangen.

Indessen: Gemäss meinen Beobachtungen von Mensch und Zeit wäre heute eigentlich der zu kreierende Ausdruck scheinlebendig am Platz. Denn – schauen Sie sich einmal um – wieviele Menschen funktionieren lediglich noch, also ohne tatsächlich zu leben! Ohne bewusst für eine Sache, ein Ziel zu atmen und zu wirken. Zwischen Schlaf und eintöniger, oft menschenunwürdiger Arbeit dahindämmernd, lustlos, ohne Freude, bar jeglicher Erwartung, nicht im geringsten angetrieben von Illusionen, Zielen.
Schrecklich, nicht wahr?
Wie tröstlich dagegen präsentieren sich die von meinem standesbewussten Kollegen so naseberümpften Küngeler! Sie, die das Leben wunderbarerweise echt lebenswert finden. Trotz der acht mühseligen Stunden am trostlosen Fliessband oder am seelenlosen Computer. Sogar solche Pflichtübungen bewältigen sie mit Fassung: Ihnen bleibt selbst im Föhnkoller des Büro-Alten die Hoffnung auf ein besseres Leben, auf die tausendvoltige Freizeit voller Erfüllung. Blicken sie zwischen Soll und Haben nicht schon in freudiger Erregung auf den rassenreinen Nachwuchs der von Rammler Maximilian angenehm/erfolgreich heimgesuchten Thüringerzibbe Carmen?
O wie prickelnd-aufregend und glückstrunken leben geknechtete Arbeits-Untertanen sogar im Steinbruch kollernder Chef-Gallensteine, da Hoffnung auf die lichtere Welt im Küngelstall!
Beginnen Sie zu begreifen, dass für diese noch Begeiste-

rungsfähigen die wärmende Sonne des Lebens selbst im betongrauen Menschenstall des Hochhauses strahlend scheint? Vor allem weil im erwähnten neuen Logis der mampfenden Vierbeiner (Familiengarten-Anlage Sunneschyn) der stramme, mehrmals preisgekrönte französische Widderbock Gaston der Zweite in diesem Augenblick eine vitaminreiche Karotte knabbert. Gerade jetzt, während im Nebenlogis des Hochhausstalles die Müllermeierne mit ihrem Knäckebrot abermals solch widerlichen Feierabendlärm produziert! Kein Grund jedoch für eine weitere Adrenalin-Ausschüttung – denn: Begackert nicht fern des Knäckebrot-Krachs im Grün des Lebens die wackere Leghornhenne Brigittli trainingshalber bereits ihr Ei vom kommenden Tag?

Meine kühne Behauptung drum: Küngelställe helfen überleben! Und sie sollten nicht zeitungswürdig sein? Ha, welche Verkennung der ernsten Situation!

Dabei müsste für zeitungswürdig doch endlich solch Wichtiges gelten, echt Wichtiges, nicht scheinbar Erwähnenswertes (Plauderstündchen der Supermächte über angebliche Abrüstung und dergleichen). Gerade Leute, die Küngel züchten, sind für die Menschheit nämlich viel, viel wichtiger als Leute, die Atomraketen bauen lassen. Denn Kleintierhalter besitzen – im Gegensatz zu Bombenfabrikanten – noch die Fähigkeit, für Mitgeschöpfe etwas zu fühlen. Und Gefühl steckt, vielleicht wissen es auch Sie, in vielen Fällen segenbringend an: Fühlen, Mitfühlen, Gefühl, all das fördert die echte Menschlichkeit, derer wir so dringend bedürften.

Ach zimmerte man deshalb für die Bigbosse im Weissen Haus und im Kreml je einen tollen Küngelstall! Wie positiv verändern könnte sich dadurch die triste Weltgeschichte, drückten die Allmächtigen jeden Amtsmorgen ein seidiges, warmlebendiges Hermelin an die präsidiale Heldenbrust – welche Ehrfurcht vor dem Leben müssten da selbst Staatsoberhäupter bekommen!

Garantiert, dank solchen Aktivitäten könnten wir Zeitungsfritzen die absoluten Herrscher dieser gebeutelten Erde mit Vergnügen und ohne Gewissensbisse auf die erste (wichtige) Zeitungsseite setzen. Denn so täten die Regierer statt Brutales Menschliches, Positives, eben Zeitungswürdiges. Alles klar, noch Fragen?

Wenn nicht, schliesse ich die Verhandlung. Mit der frohen Botschaft an meinen hämischen Kollegen, der Küngeler-Menschlichkeit wie in grimm'gem Unverstand als zeitungsunwürdigen Mumpitz abtut: Aus Gründen der zwar aus der Mode gekommenen Humanität im Nah- und Fernbereich ist es mir leider auch künftig nicht möglich, dreitägige Feiern zur Einweihung von Küngelställen journalistisch totzuschweigen. Sorry!

So einer bin ich also – es lebe die Relativitätstheorie im Küngelstall!

In Bescheidenheit ergrauen

«Hansjakob Knallfeger an der Gartenstrasse 13 wird am Fünfzehnten siebzig, kannst du das machen?»
Der Dienstredaktor feixt: «Um Geburtstagsgratulationen reissen sich Lokalreporter ja geradezu!» – «In Ewigkeit, amen», quittiere ich dumpf.
Trotzdem erkundige ich mich, ob der Knallfeger überhaupt will. Meine verdammte Pflicht: Hier kann man ganz hübsch ins Fettnäpfchen treten – die einen wollen um alles in der Welt, die andern um alles in der Welt nicht!
«Guten Tag, Herr Knallfeger, entschuldigen Sie die Störung, aber uns ist mitgeteilt worden, Sie hätten am Fünfzehnten, und es ist, heja, so Brauch, Geburtstage prominenter Mitbürger in unserem Blatt zu erwähnen, Leserdienst gewissermassen.»
Durch die segensarme Einrichtung der PTT röhrt es: «Um Gotteswillen nein, nur das nicht, wissen Sie, ich bin ein bescheidener Mensch, ja keine Publizität, und überhaupt ist siebzig noch kein erwähnenswertes Alter, nein, bitte nicht!»
Gut hörbar kollert ein Stein von meinem Herzen. Jedoch sind wir als Zeitung ein kommerzielles Unternehmen – wir haben mit unsern Kunden gut zu sein! Sagt der Verlagsboss ja immer. «Aber selbstverständlich machen wir nichts, wenn

Sie nicht wollen, Herr Knallfeger, wir respektieren ohne weiteres Ihren Wunsch, somit gratuliere ich Ihnen jetzt einfach intern, ohne Publizität, zum Siebzigsten, also wirklich sehr herzlich» (Herzlichkeit zahlt sich in 98 von 100 Fällen aus, mit Zins und Zinseszinsen).
Einmal wieder bin ich schliesslich um einen Geburtstagsartikel herumgekommen – muss man da nicht geradezu etwas Herzlichkeit aus der Tube drücken?
Knallfeger dankt denn auch höflich bis beeindruckt (ob meiner Güte). Seiner tiefen Stimmlage zum Trotz scheint er ein fühlender Mensch zu sein. Allerdings hängt er noch nicht auf: «Wissen Sie, Herr Chefredaktor, meine Frau und ich haben letzte Woche schon davon gehabt, ich musste ihr eindringlich sagen, das dürfe auf keinen Fall in die Zeitung kommen, wissen Sie, ich bin ein bescheidener Mensch, jeglicher publizistischer Lobhudelei abhold. Aber dann erwiderte meine Frau: ‹Hansjakob, dich kennen so viele Kollegen, von den Feldschützen, vom Kegelklub Babeli und so, die hätten doch sicherlich Freude›.»
Wie schwer, ihr Geburtstagskinder, wird mein erleichtert' Herze plötzlich wieder! (Knallfeger ist langjähriger Abonnent unseres gediegenen Blattes). Deshalb überwinde ich mich gemäss Pflichtenheft: «Dann sollten wir vielleicht doch etwas Kleines machen?» Und postwendend seufzt es herzerweichend durch die Leitung: «Wenn's gar nicht anders geht, dann tun Sie's in Gottesnamen, schliesslich soll man auch Zeitungsschreiber leben lassen.

Aber höchstens zehn Zeilen, höchstens zehn, Herr Chefredaktor, und keine Lobhudelei, ich bin ein bescheidener Mensch, eine kurze sachliche Notiz meinetwegen, nicht meinetwegen, sondern meiner ehrbaren Gattin zuliebe, also wie gesagt!»
Wir einigen uns auf Donnerstag halb drei, Gartenstrasse 13, Klingel, in der nächsten Sekunde öffnet sich die Tür. «Ah ja, da sind Sie ja, beinahe hätt' ich's vergessen, wollte nur rasch sehen, wieviele Grad es hat, dann kommen Sie eben herein, ist mir zwar peinlich, so ans Licht der Öffentlichkeit gezerrt zu werden.»
Im Treppenhaus zieren zwei breite Kranzkästen die Wand. «Hoppla», sage ich anerkennend, «da haben Sie aber einige Male ins Schwarze getroffen, Glückwunsch!» Knallfeger winkt bescheiden ab: «Sie sind nur hier, weil ich dafür in der Wohnung keinen Platz habe, vollkommen belanglos, kann doch jeder, oder?» Heja, schliesslich prahlt man als bescheidener Mensch nicht, wo doch so viele Leute so schamlos angeben. Tut richtig gut, einmal das Gegenteil zu erleben!
Oben – es lebe die Gastfreundschaft – steht der Koffein-Aufmunterer bereits auf dem Clubtischchen. «Wissen Sie, mein Mann wollte und wollte nicht in die Zeitung», bestätigt Knallfegers freundliche Gattin, «wenn man halt von Natur aus bescheiden ist, ich hab ihm immer gesagt, gegen eine solch krankhafte Bescheidenheit müsste man doktern, er solle gelegentlich das Wasser einschicken, aber glauben Sie, der hätte gewollt?»

Als eidg. dipl. Fatalist beisse ich in ein altersgraues Nobelbaslerleckerli, und der Kaffee duftet – welch ein Trost für journalistische Geburtstagsgratulanten! Deshalb tapfer das Übliche. Wo er aufgewachsen sei, was er nach der Konfirmation getan habe (der Konfirmationsspruch wird wie üblich ohne Aufforderung präzis rezitiert), welchen Beruf er erlernt habe, dies alles für die erwähnten zehn Zeilen.
«Waren Sie nicht auch im Gemeinderat?» frage ich im Hinblick auf die abrundende zehnte Zeile (Gemeindeämter machen sich in Geburtstagswürdigungen immer gut). «Ach, nicht wichtig, bloss achtzehn Jahre.» Und ich beruhige ihn denn auch: «Nur so für mich, wissen Sie, muss ja nicht alles in die Zeitung.» Knallfeger lacht dankbar und erleichtert. Derweilen ich mich anschicke, die Stätte des jubialen Grauens zu verlassen.
«Aber verehrter Herr Redaktionsleiter, Sie wollen doch nicht schon gehen, Sie nehmen doch noch einen, wenn Sie schon hier sind, vielleicht einen Cognac?» Gequält muss ich abwehren: «Ich bin im Dienst, aber wenn noch Kaffee da ist, bitte, dankeschön.»
«Sehen Sie, ich hab's ja gewusst», meint Knallfeger jovial zu mir, der wandelnden Koffein-Ruine, «übrigens wenn Sie vom Gemeinderat doch etwas erwähnen wollen, ich kam in einer Kampfwahl hinein, den verdammten Sozis haben wir's damals gezeigt!»
«Die Sozis wollten ja auch nicht, dass du in die Armenpflege kamst», meldet sich an dieser Stelle Frau Knallfeger, und

Knallfeger bestätigt, neundreiviertel Jahre Armenpflege seien es gewesen (trotz der verdammten Sozis), er habe es hier aufgeschrieben, wo ist es nur, das Blatt, ach hier, selbstverständlich nicht für die Zeitung, nur zur privaten Information, damit es ja nicht in der Zeitung komme. So keibenmässig schlecht seien die Sozis ja auch wieder nicht gewesen, denn vor dreiundvierzig Jahren hätten sie eigentlich nichts dagegen gehabt, als ihn der Gemeinderat zum Fourir der Feuerwehr gewählt habe. (Diskret häkelt er in seinem Lebenslauf den Feuerwehrfourir ab).

Zuhanden meiner privaten Information und für die erlaubten zehn Zeilen erfahre ich in der Folge noch, während vier Jahren sei Knallfeger Reservemitglied des Wahlbüros gewesen, während fünf Jahren Obmann der kommunalen Feuerschau, während dreieinviertel Jahren Ersatzbeisitzer der Kommission über das örtliche Hebammenwesen und während gut neun Jahren dritter Aufsichtsbeamter über die Gemeindefeldmauserei.

Die elf Jahre Kassier bei den Feldschützen, die sechs Jahre Aktuar bei eben denselbigen, die dreizweidrittel Jahre Munitionsverwalter beziehungsweise Stellvertreter des Vizeschützenmeisters und die vielen Jahre Verwalter des Reisekässleins im Kegelklub Babeli (den er gründen half) entnimmt er seinem säuberlichen Bogen A erst nach meinem vierten herzlich angebotenen Schwarzen.

Einen fünften Kaffee lang erhalte ich noch ein paar zusätzliche streng interne und nicht zu veröffentlichende Tätig-

keitswörter, worauf ich durch die gastfreundliche Stube von dannen zittere und bebe, das gewissenhaft vollgeschriebene Notizbuch in fahriger Hand transportierend, da ich für selbiges in meinem Koffein-Notstand den Aufbewahrungsort (Busentasche) weit verfehlen täte...
O Seelenbalsam, wunderbare Medizin Kaffee – warum nur spricht die Weltgeschichte immer nur abschätzig von Kaffeetanten?
Lassen wir's, als Mann, der sein Wort hält, schrieb ich nach der beglückenden Stunde bei Knallfegers mit lustig im Wind flatternden Nervensträngen über siebzig Jahre Hansjakob Knallfeger fünfundachtzig Zeilen. Es war immerhin gerade Sauregurkenzeit, ausserdem Föhn: Bei Vollmond und Föhn wüte ich als totaler Flegel durch die Geographie. Wohl deshalb hudelte ich ärger als je zuvor Lob. In den fünfundachtzig Zeilen konnte ich übrigens den grössten Teil meiner rein privaten Informationen plazieren. Einzig Knallfegers Rekursamt für nachtlärmgebüsste Töfflifahrer vergass ich, wofür ich mich auf diesem nicht mehr ungewöhnlichen Weg bedrückt entschuldige.
Meiner ehrlichen Zerknirschtheit zum Trotz Knallfeger am Telefon, wegen des zeilenmässig leicht überschrittenen Geburtstagsartikels: «So also halten Sie Ihre Versprechen, Sie unmöglicher Zeilenschinder, Sie, wissen Sie eigentlich, in welch peinliche Lage Sie mit Ihrem Geschreibsel gerade die Stillen im Lande bringen, also die Höhe ist so etwas, einfach die Höhe!»

Auf ewig zertreten verliess ich die Redaktion und legte mich zu Hause für achtundvierzig Stunden schlafen.
Als ich wider Erwarten beschloss, trotz allem weiterzuleben, schleppte Freundin Dithli das grosse Paket herein, ein gewisser Herr Knallfeger habe es schicken lassen.
Es enthielt zehn Flaschen Burgunder, eine monströse Salamiwurst und eine Kurpackung Kirschstengeli.

Der Countdown zum Höhergehtsnimmer

Festredner heissen Festredner, weil sie fest reden. Ihre Devise für die glücklichste Phase eines nachher bestimmt erfüllten Lebens: Schweigen ist Silber – Reden ist Gold.
Festredner allerdings beruhen auf einem der grössten Aberglauben dieses Planeten. O nicht grösser sein kann ein Irrtum! Doch, geahnt wird dieses Missverständnis schon hie und da – wer aber wagt sie auszusprechen, die Wahrheit, die glückselig jauchzende Mitmenschen aus höchsten menschlichen Höhen in die Niederungen des seelischen Totalelendes stürzen müsste?
Indessen, einmal muss es trotzdem geschrieben werden. Schliesslich tut die Wahrheit (fast) immer weh. Und im Grunde dürstet jeder von uns darnach.
Sei es drum, bitte entspannen, tief durchatmen: Festredner wurden keineswegs von Gott erschaffen. Immer und ewig handelt es sich hier um die eidgenössisch patentierte Erfindung kaum göttlicher Organisationskomitees. Diese nämlich wandeln bis am Ende sämtlicher Erdenfeste im unausrottbaren Irrtum, an Feld-, Wald- und Wiesenfesten sehne sich das gemeine Volk nach einem rasend: nach dem Festredner, der das weltlichste Mattenfest zum himmlischen Ereignis des Jubels verklärt (verklären soll).

Ach ihr Törichten, dabei sind Festreden in jedem Fall vollkommen überflüssig! Einfach weil entgegen der herrschenden Irrmeinung von Festorganisatoren kein einziger Mensch nach hochgediegenen Ansprachen, nach rhetorischem Jubiläums-Kolorit ein Bedürfnis hat. Wie nur könnte man diese Tatsache den gesammelten Organisationskomitees der Heimat endlich applizieren?

Sehen Sie, meine verehrten (und hart schuftenden) Damen und Herren OK-Mitglieder, nach langen Jahren unheilvollen Falschglaubens um Gotteswillen endlich die Wirklichkeit, kommen Sie aus Ihrem verständlichen Enthusiasmus brav auf die Erde zurück, nehmen Sie es, auch wenn's weh tut, in Demut an: Immer und in jedem Fall verlangt das Volk (der Pöbel) nicht rednerische Selbstbestätigung, sondern wie weiland die alten Römer panem (in der Neuzeit Wurst mit Brot, auch Waldfest genannt) und circenses (statt christenvertilgender Löwen die knackigen Beine der Damenriege beim obligaten Can-Can-Reigen).

Bitter, nicht wahr? Aber die Realität, die harte Wirklichkeit! Akzeptiere ich jedoch meinerseits die Wirklichkeit: dass kein Organisationskomitee der Welt total überflüssige Festreden und Festredner je für total überflüssig halten wird.

Lasset uns drum mit der Landplage Festreden leben!

Und so nehme das unvermeidliche Unglück eben seinen Lauf. Nachdem die ehrenvolle Anfrage des Organisationskomitees (Departement Empfang) den auserwählten

Festredner zum glücklichsten Menschen der Stadt (des Dörfleins) und des Erdkreises gemacht hat, trifft dieser parallel zu den innern (geistigen) Vorbereitungen die äussern: In der Regel ein Dreivierteljahr vor dem Kolossalereignis seines bisher glorienlosen Daseins geht er hin, sucht spezielle Nobelgeschäfte auf, erwirbt Ellen kostbarsten Tuches, lässt im ganzen Land nach dem allerbesten Schneider suchen. Steht schliesslich nach mühevollen Tagen extrem sorgsamen Anprobierens mit wattierten Schultern bebend vor dem häuslichen Standspiegel: Ja, ist sie möglich, diese strahlende Pracht textiler und persönlicher Art, wie sie jeden Bundesrat im Vollwichs vor Neid ergelben liesse? Das Maximum an stilgerechter Kostümierung – o Sebastian Heierli-Degen, dein ist das Reich und die Kraft und die Herrlichkeit in Ewigkeit, amen! Also spricht der Standspiegel zu Sebastian Heierli, lasset uns verneigen.
Und dieser, der Heierli-Degen, sinkt folgerichtig betend auf die Knie. In gestreiften Hosen und mit Bundespräsidenten-Kittel.
Dass Sebastian Heierli so etwas noch erleben darf!
Zurück zur Sachlichkeit, Hand in Hand mit den kleidsamen Vorbereitungen gehen wie erwähnt die hochgeistigen: Es gilt, die Geburt der Festrede einzuleiten (die Wehen haben ja bereits eingesetzt). Zugegeben, Festredner sagen in ihren Festreden nie etwas. Aber wie sie nie etwas sagen, herrschaft, wie sie das tun! Solche Kunst, meine Damen und Herren, setzt viele, viele Stunden harter Setzarbeit mit Blei-

stift (Härte 2) an der Hobby-Satzdrehbank voraus – da feiern Intellekt und Intelligenz Triumphe!

Von solchen Rededrechslern jedenfalls könnte mancher Parlamentsredner lernen, wie man mit vielen Worten nichts sagt – man nutze diese Chance fruchtbaren/furchtbaren Anhörungs-Unterrichts!

Trotz des erwähnten Total-Engagements allerdings sind Festreden für rhetorische Delinquenten kaum gefährlicher als andere Tierquälereien. Langzeitforschungen haben es nämlich eindeutig ergeben: Im Durchschnitt hören 0,000019 Prozent des jeweiligen titulierten Festhüttenpublikums dem jeweiligen Festredner zu. Dies, je nach politischer Einstellung, mit dem linken oder aber mit dem rechten Ohr. Im Klartext: Jeder festredende Heierli kann entweder nichts oder alles hinauslassen, ohne an seinem gesellschaftlichen Image Schaden zu nehmen. Die Mediziner sprechen hinsichtlich des tauben Festhüttenpublikums vom Syndrom der bewussten Nichtwahrnehmung zwecks Selbstschutzes.

Verzichten wir jedoch auf psychische Norm- und Abnormitäten. Wenden wir uns lieber dem Naturereignis zu. Dem ruhmvollen Auftritt, mit dem der Herr Festredner (durch überdimensionale grünblauockergelbe Rosette weithin gekennzeichnet) den wahren Sinn des Lebens plastisch vor sich sieht: Einmal im Leben, von blumenbestrausten Ehrendamen flankiert, am flaggengeschmückten Rednerpult zur gesamten Menschheit (urbi et orbi) sprechen zu

dürfen – ogottogott wie selten sind in einem Menschenleben die absoluten, absolut einmaligen Sternstunden!
Bedarf es dazu weiterer Worte? Es bedarf ihrer nicht. Jedes Wort, ja jeder überdurchschnittlich laute Hauch liefe auf eine Entheiligung der sakralträchtigen Kulthandlung hinaus.
Nehmen wir darum nur schlicht-feierlich den Finger aus der Nase und erstarren wir in Ehrfurcht, danke!
Jetzt noch eine Minute des Schweigens und dann mit leiser Ehrfurcht in das unvermeidliche Anschlusskapitel:

Hochverehrte Festgemeinde!

Genau dieser schicksalsschweren Worte wegen schreitet von nun an das Unglück schnell, setzt die rhetorische Vergewaltigung relativ schuldloser Bürger mit ungebremster Wucht ein: In gnadenlosem Festreden beginnen krankhaft brutale Festredner bei Adam und Eva. Gemässigtere Sadisten erst bei den Alten Griechen. Und jene mit blaurasiertem Gesicht und mit Spurenelementen von Menschlichkeit nicht sooo inhuman weit zurück, sondern erst bei der Vereinsgründung. Also vor hundertfünfzig Jahren.

Ja, und das weitere sollte Ihnen eigentlich bekannt sein, schildern wir's trotzdem kurz: Faszinierend der Welt entrückt, spult der nun kriminell entfesselte Herr Festredner (Würde sowohl im ernsten Blick als auch im gediegenschwarzen Knopfloch) Seite um Seite seines Manuskriptes ab. 137 Seiten stark. Die einmalige Chance seines dadurch reich werdenden Lebens wahrnehmend/nutzend. Das laut und lauter werdende Gläserklirren, das bedrohlich anschwellende Volksmurren mit ernstem Charme überschwatzend. Sogar das Mahndonnern des OK-Präsidenten «Ruhe bitte, sonst lasse ich die Hütte räumen!» überhörend. Noch weniger das gekonterte Brüllen des Witzboldes vom Dienst «Frauen und Kinder zuerst!» beachtend.

Merke: Jeder Festredner im Element ist nicht mehr von dieser Welt!
Ja, und so geht im Inferno des festhüttlichen Lebens denn auch Sebastian Heierli seinen ruhmspendenden Weg. Unbeirrt, aufrecht, gen Himmel gestrafft, Schritt für Schritt, Seite für Seite. Auf der unbeschreiblichen via triumphalis. Dort bellen sie zwar, die Hunde. Aber die Karawane zieht weiter.
(An dieser Stelle nur kurze Pause, Dreiviertelgott Heierli wringt hinter dem Rednerpult diskret seinen schweisstriefenden weissen Nasenlumpen aus). Es geht jedoch gleich weiter:
Erst nach vierzig Minuten wird das anfänglich verkrampft gelächelt habende Gesicht der Ehrendame links tilsiterkäsig. Die gleichermassen tapfer gelächelt habende (bildhübsche) Ehrenjungfrau rechts fällt auf dem Schlachtfeld der Vereinsgeschichte erst zwischen Seiten 84 und 85 des festlichen Manuskriptes. Still, sanft, jeder Muskel entspannt, mit dem abgeschalteten Kopf auf das weiche Polster des riesigen Ehrendamenbouquets. Auch sie vom Departement Sanität profilike mittels (unbeflaggter) Bahre abgeschleppt. Die diensthabenden Mitglieder des lokalen Samaritervereins lecken die Lippen: Mit diesen Intermezzi Daseinsberechtigung nachgewiesen! (Man hofft auf mindestens drei neue Passivmitglieder).
Somit bloss kurzer Unterbruch respektvoller Anteilnahme. Herr Sebastian Heierli-Degen ist schliesslich erst bei der

Bedeutung des schweizerischen Zunftwesens für lokale Kegelklubs. Nach neun Sekunden jedenfalls bereits wieder auf hundert: Erst dann erweist sich ein Festredner in seiner wahren menschlichen Grösse, wenn er infolge von Ohnmacht (der Ehrendamen) seinen Weg, von allen guten Geistern/Gladiolen verlassen, einsam auf sich selber angewiesen, schreiten muss, Seite für Seite, über sich selber hinauswachsend – der homo sapiens als Phänomen!

Jedoch selbst das grausamste der Spiele findet ein barmherzig' Ende: Im akustischen Furioso, im Schaum, den verzweifelte Biertrinker vor dem Munde haben, zwischen herumgeschleuderten Wurstzipfeln und Senftellern kommt Festredner Heierli-Degen mit letzter Kraft zu Seite 137, zum fulminant-sprühenden Feuerwerk-Abschluss seiner Götterrede: «Möge Ihr Verein weiterhin wachsen und gedeihen, ich danke Ihnen, verehrte Gästinnen und Gäste!»

Ja, und dann müsste man eigentlich den tosenden Orkan des ausbrechenden interplanetar hörbaren Jubels auf Band nehmen. Denn beschreiben lässt er sich mitnichten. Die Stürme der Begeisterung, das allgemeine Glücksgefühl darüber, dass der Schiedsrichter nicht nachreden lässt, das kaum voll auszukostende Wunder: Einmal noch davongekommen! Das Leben neu geschenkt bekommen – eine regelrechte Auferstehung, die Freudentränen strömen, die arg beklatschten Handflächen brennen, was tut's? Wir leben doch noch, dürfen weiterleben – dem Abtritt von Heierli-Degen sei Dank und Ehre!

Dieser (der Heierli) sinkt übrigens als ermatteter Held, ausgepumpt, nach Atem ringend, aber überglücklich bis in die kleine Zehe, am Ehrengasttisch nieder. Auf die rustikale Bank neben den Vertreter der Kantonsregierung, der – zum Schaden der Vereinskasse – als dekorativer Schmarotzer ebenfalls gratis abgetränkt und aufgefüttert wird. Postwendend gratuliert Herr Regierungsrat dem Tageshelden Heierli zur einzigartigen Ansprache der echten Substanz. Und Herr Heierli (nun von zwei Ehrenjungfern ab Ersatzbank flankiert) stellt es, aus rhetorischem Gewaltsrausch zurückgekehrt, privatim fest: Bei 36 soliden Festhüttengraden fühlen sich die hilfreichen Hände von Regierungspräsidenten genau so subtropisch nass wie jene normaler Leute an. Immer noch schwer hechelnd, aber in ungebrochener Hochstimmung zupft HH (Held Heierli) anschliessend an seiner Krawatte, bloss ganz, ganz wenig: Gemäss gesamtschweizerisch geltendem Festprotokoll haben sich Festredner auch bei Extremtemperaturen mit dem erwähnten Halfterstrick als Respektspersonen kenntlich zu machen. Erst ein von zwei konzessionierten Ärzten bescheinigter Hitzschlag (Notfall) entbindet jeweilige Festredner von dieser Bindepflicht.

Indessen: Brauchen solche Banalitäten überhaupt erwähnt zu werden? In einem neugefundenen Paradies dies- und jenseitiger Glücksorgasmen? –

Und nun entschuldigen Sie, der vielzitierte Wermutstropfen – kein Paradies ohne Wermut! Eine einzige Sorte, aber immerhin eine Sorte – vereinzelte Humanisten rechnen sie ebenfalls zur Gattung Mensch – lässt am Boden zertreten, entkräftet und mutlos sämtliche Köpfe hängen: Wiederum wir, die Zeitungsschreiber tun's, die Erbarmungswürdigen, Gequälten, Blossgeduldeten. Haben nicht wir Festberichterstatter die heilige Pflicht, die 42 Seiten Notizen Heierlischen Festredens innert zwo Stunden zu 20 Druckzeilen zu verwursten? Dies, obgleich von hundert Festreden hundert bewundernswürdig wirr, ja chaotisch, ohne den von der Presse so dringend benötigten roten Faden sind? Einen doppelten Kognak bitte für uns, für die leise vor sich hinweinenden Hauptopfer von Festrednern!

Jedoch sogar ohne Kognak: Seid getrost, zumal ihr jüngern Festreporter, die ihr vom festlichen Leben erst mangelhaft abgebrüht worden seid – über Festreden könnt ihr in jedem Fall keck schreiben wie und was ihr wollt. Kein einziges Wort muss mit der Festrede übereinstimmen – nicht einmal dem Sinn nach!

Warum nicht? Weil niemand auch nur einen einzigen Satz Heierlis mit dem Denkapparat aufgenommen hat. Und zweitens weil nach unserem wilden journalistischen Schustern Herr Heierli am Montag nach genussvoller Lektüre des Lokalboten die Ungestörtheit seines Lesezimmers (WC) mit Freudengeheul verlassen wird: Als wie intelligent und geistreich würdigte man seine Festrede! Ja, von Silberstreifen am Horizont schrieb der Herr Kulturredaktor in seinem glänzenden Bericht – sollte man es da noch übers Herz

bringen, seine Anverwandten und sonstigen Neider bis ins siebente Glied ohne das leuchtende Ruhmesblatt zu lassen? Fräulein Breitenmoser, bitte fünfzig Fotokopien, aber saubere!
O ihr Begreifenden, welche Auslöser menschlichen Glücks in Vollendung sind ausgerechnet wir Zeitungsschreiber! Haaa-haaa und nochmals haaa-haaa?
Recht habt ihr, Ironische oder noch Ärgere. Denn bitte, wie nur kann sich ein Mensch im Vollbesitz seiner geistigen Kräfte dazu hergeben, eine Festrede zu halten?
Gar vieles wäre gerade deswegen über die Karikaturen von Ruhmesbedürftigen an Rednerpulten noch zu lästern. Doch muss ich, entschuldigen Sie, hochverehrte Festgemeinde, das dankbare Thema vorzeitig verlassen: Der Stabheuschreckenzüchterverein Langbein hat mich gestern höflich angefragt, ob ich ihm die Ehre erwiese, am viertägigen Jubiläumsfest «Drei Jahre Stabheuschreckenzüchterverein Langbein» die Jubiläumsansprache zu halten. Und deshalb muss ich noch mühsam recherchieren, welche Bedeutung Stabheuschrecken in der griechischen Mythologie hatten.
(Im weitern habe ich mir eine neue Krawatte anmessen zu lassen).

Schärfentiefe

Nicht jede kleinere oder mittlere Zeitung kann sich ihren eigenen Fotografen leisten. Deshalb müssen viele Korrespondenten und Gelegenheitsreporter zu ihrem gescheiten Text auch gerade noch die Bilder liefern.
Viele Leute wissen es: Vor wenigen Jahren noch war das Helgenmachen längst nicht so kinderleicht wie heute. Denn von Superkameras mit zwölf Automatikprogrammen wagten nicht einmal verwegenste Futuristen zu träumen. Schon nur eingebaute Belichtungsmessung – ha! Oder so etwas Verrücktes wie Autofokus, geht's noch?
Wenigstens die Grundbegriffe des Fotografierens, die leidige Sache mit Verschlussgeschwindigkeit und Blende, musste man also einigermassen intus haben.
Ich zog mit einer ganz bescheidenen Japanerin durch die Lande. Plus Handbelichtungsmesser. Ja, so asketisch ausgerüstet, hielt ich die stets wunderschönen Ehrendamen (siehe Kapitel eins) auf lichtempfindlichem Zelluloid fest. Prachtsbilder, sage ich Ihnen! Dünkte es mich wenigstens.
Weniger dünkte es unsern Bildredaktor. Grosser Gott, ein nörgelnder Typ, Sie, ekliger Besserwisser, vermeintlicher Alleskönner, er, nur er, die hat man gern, nicht?
Immerhin, zum Profi ausbilden lassen hatte er sich. Seriös.

In einem Freizeitkurs der Migros. Drei Abende à zwo Stunden. 37 Franken inklusive Material. Und nach erfolgreichem Absolvieren von sechs Stunden Fotolehre liess er begreiflicherweise neue Visitenkarten drucken: Max Arnold Schwertfeger, Bildredaktor.
Ehrfürchtig schaute in der Folge das gemeine Volk zu ihm, dem Könner, empor.
Ja eben, und darum konnte er als Vollprofi mit Titel mich, den Licht und Schatten missbrauchenden Knecht, schon kompetent in den Senkel stellen: Vor allem die Bildschärfe und erst die mühsame Sache mit der Tiefenschärfe pardon Schärfentiefe – was habe ich ihretwegen gelitten!
«Die Tiefenschärfe reicht zwar, obschon nicht super», entschuldigte ich mich jeweilen, wenn auf einem Helgen der Herr Festredner im Vordergrund nicht ganz so scharf abgebulden war wie die umherstreunende Telefonstange im Hintergrund. Selbige wuchs – leidgeprüfte Knipserkollegen ahnen's – dem Herrn Festredner niederträchtigerweise fast immer aus dem Kopf – bitte, wer schon kann sich einerseits auf den kolossalen Gehalt von Festreden konzentrieren und andererseits auf Telefonstangen, die hier ohnehin nichts zu suchen hätten? Also. Wenigstens die Barmherzigen der Menschheit sehen solches ein.
Bildredaktor Max Arnold Schwertfeger aber, glauben Sie, der hätte es begriffen, auch nur ein liebes kleines bisschen? Kuchen, im Gegenteil, ein loses Maul führte er, Schimpf und Schande dozierte er. Gegen harmlose, in der Luft zer-

fetzte Pressefotografen I.N. (im Nebenamt), die doch stets ihr Bestes gaben (geben wollten). Ein Jammer!

«Erstens heisst es nicht Tiefenschärfe, sondern Schärfentiefe, merk dir das ein für allemal. Und zweitens musst du eben auf 16 abblenden, wenn du sowohl den hehren Redner als auch die prächtige Telefonstange scharf bekommen willst, sag, lernst du's eigentlich nie, das mit der 16?»

Ungefähr so. Vernichtend jedenfalls. Bestialisch schikanös. Dermassen erniedrigend, dass ich jeden Abend nach dem Beten zwanzigmal Schärfentiefe vor mich hinsagte, um fürderhin nicht mit Tiefenschärfe den Zorn der Götter oder sogar jenen unseres vollausgebildeten Bildredaktors noch ärger auf mein unvollkommenes Knipserhaupt herabzubeschwören.

Gut, manchmal lag es gar nicht an der Wunderblende 16, sondern an meinem hypernervösen Naturell. Wieviele grossartige Meisteraufnahmen waren schlicht und einfach verwackelt! Jedoch, nun seien Sie ausnahmsweise ehrlich: Muss einem beim Anblick wunderbarer Ehrendamen (siehe nochmals Kapitel eins) nicht wenigstens hie und da das angeborene Temperament voll durchgehen? So katastrophal, dass man die Ehrendamen auch mit 1/250 nicht mehr ganz scharf in das Kästlein bekommt?

Ist optimale Begeisterungsfähigkeit an einem Menschen jedoch etwas Negatives?

Nach Ansicht Max Arnold Schwertfegers schon. «Was ich brauche, sind scharfe Bilder», wütete er jeweilen, «scharfe,

superscharfe!» Liess mich ein weiteres Mal brutal im Regen stehen. So brutal, dass ich meinem Hauspsychiater künftig monatlich gerade zweimal das übervolle Herze ausschütten musste – Pressefotografen sind bekanntlich übersensible und somit besonders gute Menschen. (Wer lacht hier dermassen grässlich?)
Nun, rückblickend bin ich überzeugt: Um mindestens achtundvierzig Stunden hat der scharfe Kummer beziehungsweise der Kummer mit der Schärfe mein der Menschheit Segen schenkendes Leben verkürzt. Dabei tat ich, Ehrenwort, alles, um Bildredaktor Schwertfeger mit Schärfe in höchster Dosis zu befriedigen. Dies, obgleich selbst schärfste Pressebilder bereits am Abend zum Einwickeln von Kohlrabi oder noch für Hinterhältigeres missbraucht werden.
Derartiges schien Max Arnold der Grosse überhaupt nicht zu berücksichtigen: Unersättlich blieb er in seinem krankhaften Hunger nach Schärfe! Ein einziges Mal, erinnere ich mich, attestierte er mir Schärfe in ausreichender Menge. Das war der grosse, einmalige Tag meines an Freuden armen Lebens.
Musste damals an die Vorführung der neuen Bademode, mangels spezieller Moderedaktorin (was die nämlich kosten!). Item, das Übliche. Leicht langweilig. Wenigstens für Männer. Denn für Männer sehen 30 hochverschiedene Bikinis nun einfach kunstfasergenau gleich aus. Höchstens der Kurvenradius variiert jeweilen minim.

Hätte ich darum nicht getrost etwas wandern gehen sollen, nachdem vor der Bühne pflichtbewusst ein paarmal mein Kameraklicker gedrückt worden war?

Background-Information nennt man das in der Fachsprache. Und es war faszinierend, sogar faszinierend informativ: Mein Gott, dieser Totalstress hinter der Bühne, wo die armen Teufelchen von Mannequins in antichristlicher Hektik für ein jeweiliges neues Laufsteg-Lächeln umgerüstet wurden – dass in solchen Fällen die alarmierten Tierschutzvereine nicht einschreiten!

«Darf ich ein paar Aufnahmen machen?» fragte ich nach dem ersten Schock. Mit vertrockneten Stimmbändern. Aber mit jener charmanten Schüchternheit, mit der Profis Goodwill schinden. Heiligt nicht der Zweck die Mittel? Und was geschah, waseliwas, ihr ebenfalls Überraschten, Perplexen?

«Ach mach doch, Kleiner», kicherte atemlos eines der süssen Modelle, «'s sieht ohnehin eine wie die andere aus!»

Unglaublich! (weshalb bei mir zweiter Schock).

Dann jedoch fasste ich mich, gab ich mir maximalste Mühe. Weil mich maximale Mühe nicht ausreichend dünkte. Heja, in dieser besonderen Situation, in der man nun einfach keinen Schärfefehler machen durfte. Um jegliche Verwacklungsgefahr auszuschalten, schoss ich beispielsweise 43 der paar wenigen (144) Aufnahmen mit Blitz.

Besonders für fotografierende Pressegeier und ähnliche Kreaturen gilt ja: Safety first!

Siehe, das Wunder geschah denn auch: Beinahe hätte mich

Bildredaktor Max Arnold Schwertfeger geküsst. «Endlich, es wird ja auch allmählich Zeit, hast du's begriffen, das mit der Tiefenschärfe, hast du's wirklich doch noch begriffen!»
«Schärfentiefe», korrigierte ich sanft.
Bildredaktor Schwertfeger indessen ungebremst weiter: «Heilige Jungfrau, dass ich das noch erleben darf!»
Er las dann drei Aufnahmen aus, die relativ jugendfrei wirkten. Auf ihnen kam die unbarmherzige Schinderei einer Modeschau hinter den Kulissen voll zum eindrücklichen Ausdruck. «Tadellose Arbeit, muss man sagen.» Grosszügig lud mich der Lobende zu einem Bier ein.
Allerdings wurde es gemäss dem Motto «Darfs es bitzeli meh sy?» dann etwas mehr als eines. «Manche lernen die Schärfe eben spät, aber Hauptsache, sie lernen sie!» schwärmte der Herr über Unscharfes und Scharfes. Bereits mit einem Bruchteil von Promillen im jubilierenden Blick. – Ach wie dankbar bin ich meinem grossen Lehrmeister Max Arnold Schwertfeger heute noch dafür, dass er selbst in schweren Stunden der Unschärfe den Glauben an mich nicht verloren hat!

Tante Anna weiss Bescheid

Kennen Sie Tante Anna? Diese kommt in jeder besseren Frauenzeitschrift vor. Allerdings auch in Tageszeitungen, die mit der Zeit/Mode gehen.
Zwar heisst Tante Anna nicht in jedem gepflegten Blatt so, in «Frau und Kino» vielleicht Tante Silvia, in «Frau und Hund» Tante Amalia und in «Bügeleisen und Frau» Tante Barbara. Barbarisch oder nicht – immer kommt's auf dasselbe heraus.
Tante Anna nun ist das Gegenteil einer Spezialistin, somit eine Universalistin. Freilich eine spezialisierte. Denn keine einzige Frage gibt es, die sie nicht beantworten könnte. Sie erscheint deshalb extrem lebenserfahren, vielseitig und vor allem sehr fraulich, ja beispielhaft mütterlich.
Bei Tante Anna ist guter Rat billig. Nur einen halben Franken für die postalische Beförderung der sauber zu Papier gebrachten Frage. Mit der einzigartig klugen Antwort verglichen, eine lächerlich bescheidene Investition!
Tante Anna nämlich ist schlichterdings allwissend. Fragt jemand, wie sich dreimal abgebrühter Kaffeesatz wirtschaftlich weiterausnutzen lasse, so weiss sie es. Und ihr Rat ist Goldes wert. Die gestresste Gastgeberin, die erfahren möchte, wie man aus zwei vom letzten Zahltag übriggeblie-

benen Eiern glücklicher Hühner ein Gericht für sieben Personen und einen Hund erhält, darf eines wunderbaren Tips gewiss sein. Desgleichen die Fünfzehnjährige, die sich in einem furchtbaren Dilemma befindet, weil sie zwischen dem vierzehnjährigen Gymeler und dem sechzehnjährigen Mechanikerstift zu wählen hat. «Der Gymeler ist so ein verrückt Lustiger», schreibt sie in ihrer Anfrage verzweifelt, «aber der Mechanikerstift hat einen solch erschlagend männlichen Förstervollbart. Stellen sich bei mir nicht seelische Folgen ein, wenn ich trotzdem den Unbärtigen erwähle?»

«Hören Sie auf Ihre innere Stimme», schreibt Tante Anna in zweiunddreissig Druckzeilen sowie mit einer Gratissendung guter Ratschläge für's Leben, auf dass für ihr solides Abonnementsgeld auch die übrigen Leser etwas Reelles haben.

Besonders auf dem weiten Gebiet der unterschichtigen Konflikte und der tiefenpsychologischen Knoten aber leistet Tante Anna wundersam einfühlsam Grosses. «Frau ohne Mann», «Frau mit Mann», «Ledige Frau und verheirateter Mann», «Verheiratete Frau und lediger Mann», «Liebe im Drei- bis Viereck» und dergleichen sind scheinbar unlösbare Probleme, die sie – Tante Anna, die Einmalige – mit Röntgenblick durchdringt, seziert und nach drei bis vier Spalten unfehlbar gelöst hat. Und stets bringt sie als Star des ihretwegen berühmt gewordenen Presseerzeugnisses individuelle Seelenheilkunde so vernünftig, klar und überzeugend an Lesekundige sämtlicher Geschlechter, wie solches eben nur einer mütterlichen Frau beziehungsweise einer fraulichen Mutter mit enormer Lebenserfahrung möglich ist.

Neidlos und dankbar anerkennt die hingerissene Leserschaft, dass Tante Anna eine ganz ganz aussergewöhnliche Frau ist.

Zu meinem grossen Glück durfte ich sie übrigens kürzlich kennenlernen. Auf einer Redaktionskonferenz wurde sie mir gnädigst vorgestellt. Und auf den ersten Blick erkannte ich, dass Tante Anna tatsächlich eine aussergewöhnliche Frau ist. Denn sie hat eine Glatze und raucht Amsterdamer rot (eine rezente Mischung speziell herber überseeischer Provenienzen, aromatisiert nach Seemannsart.)

Die strahlende Ouvertüre zur Kunst

Lange Zeit glaubte der Mensch, Kunst-Vernissagen seien Anlässe der Kunst. Heute weiss man's besser: Die Eröffnung von Kunstausstellungen hat mit Kunst nicht das Geringste zu tun. Denn dabei handelt es sich ausschliesslich um gesellschaftliche Mehrzweck-Heimsuchungen. Diesen entgeht kein Gesellschafts- und kein Kreditbewusster.
Vernissagen sind deshalb, wenn man trotzdem geht.
Obgleich Vernissagen und Kultur in keiner Weise als verwandte Begriffe gelten können, lässt sich das erwähnte Gehen mit angewandtem Fatalismus und mit geistigem Konditionstraining (Yoga und dergl.) in den meisten dieser tragischen Situationen zumindest notdürftig richten – Insider nämlich wissen's: Gesellschaftliches und wirtschaftliches Sein oder Nichtsein – das ist die Frage!
Gut, der weitverbreitete Irrtum wäre somit beseitigt. Lasset uns deshalb eintreten in die scheinbare Welt der Kunst.
Zur erfolgreichen Absolvierung besagter Pflichtübung wichtig zu sein scheint mir folgende Grundregel: An jeder Vernissage ist der persönliche Intellekt gut sichtbar am Revers zu tragen, unbedingt! Unter Umständen zur Verstärkung auch der persönliche Intelligenzquotient. Denn weithin sichtbar demonstriertes Intensivdenken – selbst als

blosse Attrappe – macht sich besonders im Katastrophenfall (hochgesellschaftliche Veranstaltungen) gut. Das heisst theoretischer oder gar vorhandener Intellekt zahlt sich in diesen Kreisen mit Staatsgarantie aus.

Regel zwei: Prominenz, die via gediegene Einladungskarten zur Teilnahme an Vernissagen verdammt wird (meine herzliche Anteilnahme!), bemühe sich rechtzeitig um stilgerechten persönlichen Rahmen: 99,997 Prozent aller Vernissagegäste erscheinen nachgewiesenermassen nicht, um Kunst zu sehen, sondern um als Kunstfreunde gesehen zu werden.

Bilder spielen an Kunstvernissagen nämlich überhaupt keine Rolle, Insider wissen's längst. Demgegenüber ist strikte darauf zu achten, dass der Zobel der möglichst eigenen Gattin stimmt. Besonders originelle Kunstausstellungen finden bekanntlich in ehemaligen, zu Galerien umfunktionierten Scheunen und Ställen statt – die neureiche Devise: Jedem Wirtschaftstüchtigen zum Umbau sein kärgliches Bauernhaus! Ja, und eben in diesem heimelig-rustikalen Rahmen ist das Tragen von genügenden Mengen Pelz schon der beschränkten Temperatur wegen unabdingbare Ehrensache.

Details sind bei der erwähnten unvermeidlichen Nerzparade übrigens von höchster Bedeutung. So unterschätze man als Inhaber einer fürsorglichen Gattin beispielsweise nie deren musternde Blicke Richtung verhasste Konkurrenz-Kunstgattinnen: «Wieviele Tausend der Zobel der Generaldirektorin Sieglinde Reichlin-Dummermuth wohl mehr gekostet haben mag als mein armseliger Nerz, ich werde mit meinem Alten zu Hause wohl ein ernstes Wort reden müssen!» (Rasch einen Fünfermocken, weil der Nerztragenden die erweckte Galle ihrer Leber bitter aufgestossen ist).

Nachdem die Bitterkeit obiger Galle einigermassen übertüncht worden ist und nachdem wir bereits mitten in der Schadenzone stehen, kristallisiert sich klar die Erkenntnis heraus: Aufs segensreichste befruchtet sogenannte Kunst die edle Wirtschaft. Von Vernissagen profitieren nämlich lange nicht nur Kürschner, sondern vor allem Couturiers und Hairstylisten (früher trivial Coiffeure genannt). Besonders sie bereichert edle Kunst beglückend, weil an Kunstausstellungen nicht die Bilder top sein müssen, sondern die Gäste von Rang und Namen, noch etwas klar?

Wenn ja, betrachten Sie Vernissagen künftig gefälligst nicht mehr als mühsame, schöngeistige Torturen, sondern als hochwillkommenes Handelspotential von unschätzbarem volkswirtschaftlichen Wert!

Wäre nach der Bauernregel «Wem Gott will rechte Kunst erweisen, den schickt er in die Bilderwelt» Vernissagen-Regel drei fällig. Sind Regeln eins und zwo eher von eingeladenen Kunstgrössen zu beachten, wendet sich Tip drei an veranstaltende Galeriebesitzer: Jede Modeschau (also Kunstvernissage, siehe oben) steigt oder sinkt mit dem Kalten Büffet – merke: Kunst bringt Gunst, aaaber auch:

Die Kunst geht nach (belegtem) Brot. Galeristen, die bloss Salzsticks für Armengenössige mit Weissem vom Discounter kredenzen, haben sich mit solch sträflicher Unvorsichtigkeit den unvermeidlichen Kunstskandal selber zuzuschreiben. O nein, ihr hungernden Freunde, Kunstgalerien dürfen doch nicht kahlgefressene Entwicklungsländer sein! Gebirgskamingeräucherter Schinkenspeck mit 28-Kornbrot und aerobiologischpolyvalentem Rotwein speziell aus Trauben (Wein aus Trauben, tssstsss!) sind als Vorwort zur Kunst das Allermindeste. Steht zwischen den Kunstskulpturen (vorwiegend zum bequemen Ausklopfen rustikaler Tabakpfeifen heimatbewusster Kunstprominenzler) genügend Zwischenraum zur Verfügung, ja? Dann empfiehlt sich sehr das Grillieren eines Ochsen am Spiess.
Glauben Sie einem schwergeprüften Vernissagebesucher: Mit Ochsen und so ist man gegen jegliche Originalitätsforderung aus Kreisen der Habligen gewappnet!
Doch jetzt lasset blasen. Zur heissen Schlacht am Kalten Kunstbüffet – speise Gott, tränke sie, alle armen Vernissagegäste, die auf Erden sind.
«Oder lieber einen Orangenjus?» «Aber nein, Frau Doktor, nehmen Sie doch noch eine Auster, sind frisch eingeflogen» beziehungsweise «Spargeln auf die Nacht liegen mir immer schwer auf, aber zum Glück hab ich jetzt einen neuen Doktor, einen alternativen, macht Spektralpressur, östlich wissen Sie, die im Osten wissen viel besser, was einem fehlt, jetzt schauen Sie, Pulfers sind auch gekommen,

jessesgott die Pulfer, wann die endlich liften lässt»?
Beglückend ist sie, die menschliche Kommunikation auf kultureller Ebene, finden Sie nicht auch? Aber lassen Sie sich nur Zeit beim Kauen. «Richtig durchspeicheln ist alles», stand im Gesundheitsberater – auch darauf abonniert?»
An dieser Stelle sich abzeichnender Sättigung oder etwas später als Erlösung vom Bösen der gewinnend lächelnde Tafelmajor der Kunst: «Meine Damen und Herren, dürfen wir allmählich einen Schritt weiter gehen?»
Und tatsächlich, merkbar sinkt er, der Geräuschpegel des totalen Schmatzens, zwei, drei letzte abgenagte Hühnerknochen fliegen in das Abfallfass, zähnefletschende Kannibalenfratzen verwandeln sich in gediegene Kunstgesicher Zivilisierter zurück, nur noch vereinzeltes Rülpsen als Quittung für gehabte Körperfreuden – die Kunst hat sie wieder!
Deshalb nach kurzer Verschnaufpause von der vulgären Körper-Atzung weg zur Vollwertnahrung der Seele, bitte Gong zum nächsten Kulturgang:

Wo Signatur = unten

Die Orgie des Gaumens hätten wir also. 99,96 Prozent der sichtbar schwer mitgenommenen Kunstliebhaber könnten sich somit unauffällig nach Hause begeben, wurde ihr Hunger nach Kunst (wie sie ihn empfinden) doch gemäss vorherigem Kapital gar effizient gestillt. Nach harten

inneren Kämpfen siegt indessen selbst in Vernissage-Gästen ein Restlein Gutes, man kann ja nicht so sein.
Piste frei deshalb für die Kunst!
Und so steht sie, die gesellschaftliche Crème de la Crème im übernächsten Augenblick tatsächlich vor der Kunst, die bekanntlich/unbekanntlich von Können kommt. Dort wo früher die muhenden Wiederkäuer Kraut und Rüben in Grün/Gelb beseitigten, prangen nun beglückendes Kraut und beglückende Rüben in Öl (beziehungsweise dergleichen). In Öl vor allem deshalb: Weil noch nicht ganz alle Künstler als Arbeitsmaterial menschliche Fäkalien auf Pavatex klatschen. Zum immensen Ärger in-seiender Kunstpäpste drücken sich nämlich sogar heute (man stelle sich das vor!) einige Klassische, Zurückgebliebene, Unaufgeklärte, Outseiende und daher zu Recht entsetzlich Verhöhnte mit antiquierter Farbe, ja mit Urgrossmutters Leinwand und mit prähistorischen Haarpinseln aus.
Sollten diese Hinterbliebenen der Kunst nicht endlich ausgestopft und im kulturhistorischen Museum ausgestellt werden?
Gut, wenigstens gewisse Konzessionen beginnen einige von ihnen trotz allem zu machen, so dass ihre unsterblichen Werke nicht mehr ganz so furchtbar als Faust auf das Auge neuzeitlicher Kunst wirken. Beispielsweise gehen sie beim Loswerden ihres aufrüttelnden Zeitdokuments «Chaos 2000» durchaus mit der Zeit: Technisch einwandfrei wird das Rohmaterial Farbe mittels Spritzpistolen beziehungs-

weise mittels modifizierten Maschinengewehren auf vorher wertvolles Leinen gespritzt/geschossen.

Besteht in Anbetracht solcher Aufgeschlossenheit nicht berechtigte Hoffnung, dass sich endlich, endlich auch die Somnambulen der Kunst zum erwähnten Ausdrucksmittel Fäkalien durchringen werden?

Jedoch, auch wenn das Leben nach allgemeiner Behauptung vollkommen versch...roben ist, wollen wir an dieser ernsten Stelle nicht weiter auf die Fäkalien eingehen, sondern uns auf dem hölzernen Boden der Kunst dem weitern Ablauf der Vernissage zuwenden.

Da steht nämlich bereits Herr Dr. phil. zwei vor dem vitaminreich-künstlerisch umgesetzten gemischten Salat namens «Götterdämmerung am Hohtürli». Orgastische Verzückung im kunstversehrten Blick, vor Ehrfurcht nur noch hauchenkönnend: «Welch ein futuristisches Talent, was für eine Offenbarung!» Und etwas verborgener, im halbhintern Vorderhirn, aus Gründen der Vorsicht lediglich diskret denkend: Grosser Gott, einen solchen Bockmist hänge ich nicht einmal in unserem kleinsten Sitzungszimmer auf, brrr und puh!

Dann, nach dem Schreckerlebnis, trifft er sich an der Seitenlinie glücklicherweise mit einem der bekanntesten Immobilisten – eine herrliche Gelegenheit, en passant die Grossüberbauung «Heimetli» einzufädeln. Nie vergesse man: Die lukrativsten Geschäfte fundamentiert man auf der soliden Basis der Kultur! Denn Rundum-Goodwill für die Kunst

zieht selbst in Härtefällen unschätzbare wirtschaftliche Befruchtungen nach sich.
Womit die enorme Bedeutung der Kunst für das Wirtschaftsleben ein weiteres Mal nachgewiesen ist.
Doch wir haben uns unterbrochen. Unterdessen parkiert ja Herrn Dr. phil. zwei's Gattin andächtig vor einem superdelikaten, siedendheissen Bild (Eintritt nur ab 24 Jahren!). Wirklich bewundernswert scharfe Porno – aber bereits kommt das Entscheidende: Porno gefälligst zu differenzieren, das heisst Porno auf dieser Stätte gar nicht existierbar – nämlich: Im gediegenen Rahmen der Kunst gibt es auf keinen, hören Sie, auf keinen Fall so etwas Vulgäres wie Pornographie, so etwas Kunstloses wie Schweinereien, so etwas Unvorstellbares wie Geilheiten in Öl – man wird dringend gebeten, sich das endlich, endlich hinter die roten Ohren zu schreiben! (Bitte mit zwei Ausrufezeichen).
Selbst nach Ansicht puritanischster Richter sind Schweinereien in der Kunst richtigerweise nie Schweinereien, sondern immer etwas Hohes, Beglückendes, Erhebendes, Erhabenes, dem Reinen rein seiend und rein bleibend. Getrost behalte man deshalb selbst in der Kunst stets beide Augen offen.
Schon deshalb üben ja viele Kunstausstellungen nebenbei die wertvolle Funktion psychischer Sicherheitsventile aus: Dank den zu Kunst veredelten Schweinereien sind sie die einzigen Stätten, wo sich gediegenste Damen in lupenreiner Unschuld legalstens der Dings hingeben dürfen. Genau so

wie jetzt die Gattin von Herrn Dr. phil. zwo als angesehene Kirchenratspräsidentin: Total verinnerlicht, in den Anblick normalerweise tabu seiender Details versunken. Und all das, ohne auch nur dezent rot werden zu müssen!
So jubelnd bereichern kann Kunst Menschen, deren Fleisch mindestens so willig ist wie deren Geist – ein Segen rund um die Uhr.
Nun aber Szenenwechsel. Schliesslich beginnt es noch würdiger zu werden. Dank dem mit Weissem für wirkungsvolle Rhetorik sorgfältig geölten Vernissage-Redner:
Ein inneres Leuchten geht von dem tadellos gewandeten, sichtlich beglückten Herrn aus, wenn er den ausstellenden Künstler als die Entdeckung des Jahrhunderts, als neuen Messias preist. Hui, wie nimmt da die Prominenz den Zahnstocher aus dem Maul, welch göttliche Stille erfüllt auf einmal den Tempel des Schönen! Auf die gleichermassen tragischschauernde wie tröstlichsoprale Visionärbotschaft einer sechzehneinhalbeckigen Submissionsapokalypse weist der Totalverklärte unter gedämpftem Odem hin, die der zum Heil der Menschheit leidende Künstler mit spiritualistischer Pleuraldisharmonie contraindikativ umsetze und dem dadurch sehend werdenden Menschen auf geradezu diabolischgöttliche Weise irrationalkasuistisch zu Geist bringe.
(Schluck Mineralwasser, Mund-zu-Mund-Beatmung vorerst nicht erforderlich)
O wie hängt das Kunstvolk an seinen feurigen Lippen, die

sich zur weitern Verkündung des Kunst-Evangeliums öffnen!

Auch wir von der Lokalpresse tun's, hängen. Mit gediegenschwarz eingebundenem Notizblock und frischgespitztem Griffel. Denn – ha! – wieder einmal schlägt unsere Stunde, werden wir unserer Grösse und Einmaligkeit bewusst – bitte: Wer bestimmt, was Kunst ist? Wereliwer macht Pinselnde, Spachtelnde, Kleisternde, Hauende, Modellierende, Schnitzende, Fäkalisierende erst zu Künstlern, wer ja wer? Dreimal dürfen Sie raten!

Richtig, wir, nur wir. Die wirklichen Kunstsachverständigen vom Lokalblättlein. In Erfüllung unserer hochheiligen Mission verkünden wir der Menschheit das Evangelium der Kunst, den durch den Kosmos strahlenden Ruhm begnadeter Künstler, den Segen der Leinwand schlechthin.

Ja, kann da die nach Schönem, Reinem dürstende Welt auch nur ein einziges Lebewesen tiefer verehren als uns Lokalkorrespondenten, die wir als Botschafter der Kunst das erpinselte Glück des Menschseins weiterverkünden?

Ach selig, ach selig, kein Künstler, sondern ein viel wichtigerer Zeitungsschreiber zu sein!

Ja, ihr ebenfalls in Trance geratenen Freunde, Kunst und Vernissagen sind etwas Grosses. Sie bringen als echte Vielzweck-Beglückungen Erfüllung und vor allem Kredit jeder beliebigen Art. Hüben und drüben. Für und für. Dabei zu beachten: Besonders wer hyperprogressive Künstler mit zeitgemässen Techniken (Stoffwechsel und ähnliche, siehe oben) sponsert, darf feister Zinseszinsen gewiss sein. Streuen deshalb auch Sie als weitherum bekannter Kunstmäzen in spe den Samen der Kultur aus – auf dem Kulturland der Wirtschaft werden Sie Früchte ernten, hundertfach, tausendfältig!

Und die Künstler der Heimat verdienen Ihre uneigennützige Förderung/Unterstützung ja auch voll. Denn sogar bei dem von offiziellen Kunstkommissionen längst freudig akzeptierten Fäkalienschmeissen geben sie sich als sympathische Menschen, voller Bescheidenheit und Güte, begnadet bis zum Exzess. Ihre unermessliche Menschenfreundlichkeit beweisen die meisten von ihnen schon, indem sie ihre grossen Werke signieren: Unten rechts. Denn so wie dort rechts ist, wo der Daumen links, ist an einem Bild unten, wo die Signatur. Solchermassen erleichtern Künstler den Arbeitenden von Kunstgalerien deren Arbeit wohltuend: Schon nach wenigen Minuten wissen diese, wie die Gemälde aufzuhängen sind.

Also richtige Wohltäter sind die malenden und hauenden Grossen dieser Erde!

Gut, einmal schenkte mir ein Künstler für die wohlwollende Besprechung seiner Ausstellung in unserem Kulturblatt eines seiner Bilder. Damals ward mir schmerzlich bewusst: Sogar unter den Künstlern muss es Sadisten geben! Jedoch war das garantiert nur die berühmte Ausnahme, welche die Regel bestätigt.

Verzweifeln wir deshalb an der Kunst trotz allem nicht.

Die Erde sei uns leicht!

Sicher, mit Zustellbeamten-Witzen (früher Briefträger-Witze) hat man kaum Probleme. «Schnell, Papa, komm», ruft Maxli seinen Vater, der weit hinten im Garten werkt, «Mama liegt mit einem fremden Mann im Bett.» Und nur Sekunden später zum atemlosen Papa: «Angeführt, in den April geschickt, es ist gar kein fremder Mann, sondern unser Briefträger.»

Haaa-haaa. Jedoch: Können nicht gerade Briefträger etwas Ruhm und Ehre brauchen?

Mit dem sogenannten schwarzen Humor nach dem gelben der PTT ist es schon heikler – immer noch heftig umstritten! Fachleute von enormem ethischen Kurswert streiten sich nach wie vor darum: Ist schwarzer Humor geschmacklos oder nicht? Hat er Daseinsberechtigung? Weckt, beziehungsweise befriedigt er nicht bloss niedrigste menschliche Instinkte?

«Ihr Mann ist leider unter eine Dampfwalze gekommen, machen Sie sofort auf», ruft beispielsweise die Polizei vom Korridor aus der Dame zu, die von ihrem Gatten nie eben gut behandelt worden ist. Und: «Schieben Sie ihn unter der Tür hindurch!», tönt es barsch zurück.

Heiliger Bimbambum, so etwas Primitives! Sogar gedruckt,

eine Sauerei! Und doch soll es – stets nach Ansicht kompetenter Fachleute – schwarzen Humor geben, der so absurd schwarz ist, dass er auf einmal gar nicht mehr pietätlos wirkt. Kompliziert, sag ich Ihnen.

Aber trotzdem, mit dem Tod treibt man keine dummen Sprüche. Hier handelt es sich doch um jene Sphären des Endgültigen, in die man nicht mit schrillem Gelächter dringt. Hier werden – es sind Beispiele bekannt – die lautesten Flegel der Flegelzunft (Zeitungsschreiber) merkwürdig leise.

Und dabei gilt gerade in Pressekreisen der Tod leider, leider als besonders gutes Geschäft: Je mehr Tote bei einem Unfall, desto mehr verkaufte Zeitungen. Traurig, himmeltraurig, aber wahr – vom Leiden anderer profitiert immer jemand!

Und trotzdem Nummer zwei: In Journalistenkreisen ist der Tod keineswegs ein Tabu. Reissen darum tut sich freilich kaum einer: Eben doch reichlich makaber! Und eine gewisse Scheu vor dem Letzten, dem Endgültigen, bleibt wohl bei jedem Journalisten – wenigstens wenn er noch nicht irreparabel verroht ist.

Ob bei Zeitungsschreibern wohl aus solchen Gründen Aufträge für Nekrologe dermassen unbeliebt sind?

Kein Mensch, der grambebeugte Leser hat's längst geahnt, ist zwar so gut wie sein Nachruf. Nekrologe müssen trotzdem sein: Eine gewisse Art posthumer Dienstleistung, im Abonnement eingeschlossen, Ehre, wem Ehre gebührt.

Auch wenn zumindest ein Teil der Leser behauptet, der liebe Verstorbene könne es ja gar nicht mehr genussvoll nachlesen, welch guter Mensch er gewesen sei. Immerhin bleiben die Erben!
Ja, möchte im Zeitalter des gnadenlosen Zeitungssterbens nicht jeder Verlag diese als Abonnenten behalten und pekuniär melken? Könnte man unter solchen Umständen auf journalistisch-ehrliche Anteilnahme und auf gediegen-vornehme Würdigung verzichten, wo erwiesenermassen Nachrufe von den Anverwandten/Hinterlassenen liebevoll ausgeschnitten und aufbewahrt werden? Auf dass nichtsnutzige schwarze Schafe unter Nachkommen zu gegebener Zeit schwarz auf weiss zu erkennen vermögen, um wieviel besser ihre verblichenen Vorfahren waren. Nein, machbar wäre so etwas nicht.
Würdigen wir deshalb verzeifelt weiter, wenn es zu würdigen gibt. Und auch dann, wenn nicht.
Gerade wenn nicht so viel zu würdigen ist, wird die ohnehin heikle Angelegenheit freilich noch problematischer: Einerseits soll man Verstorbenen ausschliesslich Gutes nachreden. So will es eine nette Volkssitte. Andrerseits werden selbst gewissenlose Zeitungsleute gewissenskrank, wenn das Pflichtheucheln den zulässigen Grenzwert übersteigt – gebe uns armen Teufeln von Nekrologschreibern der Herr gerade hier den so seltenen goldenen Mittelweg!
Nun, im allgemeinen ist weniger mehr. Nicht so beim

Nachrufschreiben. Hier gilt die Insider-Regel «Mehr ist mehr», im berühmten Klartext: Die Schleuse des Lobes und der (späten) Anerkennung unbedingt um einen Zahn mehr öffnen als um einen weniger! Die trauernden Hinterbliebenen werden solche Herzensgüte mit dem Einzahlungsschein (Jahresabonnement) reichlich belohnen.

Ist Ihnen der diesbezügliche Mechanismus nun ein bisschen klarer? Können Sie mir nachfühlen, dass ich trotzdem sehnsüchtig gern einmal als Mensch auch nur halb so gut sein möchte wie die unersetzlichen Abberufenen, die wir mit ehrlichen Nachrufen der staunenden Nachwelt reproduzieren? Dann haben Sie gleichzeitig kapiert, dass Nachrufe einfach unvermeidbar sind. Aus menschlichen und aus kommerziellen Erwägungen heraus: Ohne die letzte Ehre funktioniert es menschlich/kaufmännisch weder hüben noch drüben!

Apropos letzte Ehre, habe ich wirklich «letzte» geschrieben? Wenn Sie nämlich wüssten! Dass besagte letzte Ehre für die meisten Menschen die erste ist. Dass mir gerade deshalb würdige Abdankungen und nachgerufene Lobhudeleien eher nicht so sympathisch sind: Für reichlich verspätet halte ich solches Tun in feierlichem Schwarz – für viel zu spät sogar! Bitte, warum geben wir unsern am Leben doch ebenfalls leidenden Mitmenschen diese Blumen aus lebender Botanik und jene aus toter Druckerschwärze nicht viel, viel früher, zu Lebzeiten, also dann, wenn die Beschenkten davon wirklich etwas haben?

Vermehrt Mut machen zu leben (nicht zu sterben) – eher dies müssten wir tun, ihr hoffentlich Einsichtigen. Das wäre praktizierte Menschlichkeit, die selbst von den gehaltvollsten Nachrufen nicht ersetzt werden kann.

Lasset es hier deshalb endlich vor dem Abend dämmern!

Allerdings, schnitte ich mir damit nicht ins eigene Fleisch? Schliesslich lebe auch ich (unter anderem) von der aus reiner Seelentiefe stammenden Würdigung kostbarer Mitmenschen, beklage auch ich gegen Honorar (in Schwächefällen: Hohnorar) mit 40 Zeilen zu 37 Anschlägen die entstandene klaffende Lücke, die nimmer aufgefüllt werden kann, schliesse auch ich nach dem dankbaren Erreichen der bewilligten Zeilenzahl tiefbewegt mit dem klassischen, stets optimal tröstenden Wunsch «Die Erde sei ihm/ihr leicht!»

Jedoch, wäre es unvorstellbar, Blumen sowohl vorher als auch nachher zu schenken? Das eine zu tun, ohne das andere zu lassen? Wahrscheinlich brauchten Nachrufe dann gar nicht mehr so vollkommen zu sein.

Ebensowenig vollkommen war ja der Volontär, den wir seinerzeit auf der Redaktion hatten. Dies, obgleich er ausgerechnet den ehrenvollen Auftrag bekam, für einen verstorbenen Industriellen mit Prominenzformat den feierlichen Nachruf zu verfassen.

Und wollte es doch so gut machen! Für unsern ehrbaren Berufsstand zusätzliche Ehre einlegen. Indem er seine gehaltvolle Würdigung des lieben Abgeschiedenen besonders markant schloss:

«Gotthold Schlaginger war ein ganzer Mann, vom Scheitel bis zur Sohle – er lebe hoch!»

Weder die trauernden Hinterlassenen noch der trauernde Chefredaktor freilich hatten für die nekrologische Parforce-Leistung Verständnis. Jedenfalls musste es der erwähnte Volontär in Demut annehmen: Hier sei für ihn keine bleibende Stätte.

Dabei war er sicher bloss ein tiefgläubiger, zuversichtlich hoffender Mensch, von der vieles ausbügelnden Reinkarnation felsenfest überzeugt. Ach du grauenvoller Undank der Welt, warum nur wird gerade uns erbarmungswürdigen Subjekten der Schwarzen Kunst immer und ewig jedes auch noch so gutgemeinte Wort falsch ausgelegt?

Allen Leuten recht getan...

Möge uns gequälten Nekrologschreibern die Erde wenigstens dermaleinst leicht sein!

Wünschtnochjemanddaswortscheintnichtderfall

Das ist der Unterschied: Striptease-Lokale füllen sich von vorne nach hinten, Gemeindeversammlungssäle hingegen von hinten nach vorn. Ein Phänomen, mit dem sich begreiflicherweise auch die Wissenschaft befasst hat.

Bleiben wir in unseren züchtigen Memoiren bei den züchtigen Lokalen für Gemeindeversammlungen. Dort nämlich ist besagtes Phänomen hinten nach vorn gar keines: Solche Räume füllen sich schlichterdings stets hinten zuerst, weil der biedere Bürger sehen will, ohne gesehen zu werden. Das heisst, wenn's irgendwie anders geht, exponiert er sich optisch nie freiwillig.

Lassen wir zu dieser aufsehenerregenden Feststellung die Praxis sowie endlich die Frauen sprechen: Frau Melanie Vogel-Hübscher setzt sich innert nützlicher Frist ganz hinten auf ihren Ehrenwerten, weil sie's unbedingt diskret sehen will. Nämlich ob ihre meistgehasste Freundin Eveli Maulweger für oder gegen das neue Hebammenköfferlein stimmt. Dank weiser Voraussicht gelingt solche Aussicht vorzüglich. Denn Frau Maulweger erschien erst fünf vor acht (wahrscheinlich wieder im Treppenhaus herumgetratscht). Musste sich, geschieht ihr ganz recht, deswegen in der drittvordersten Reihe niederlassen – Triumph und

frohes Locken Melanie Vogel-Hübschers: Klare Direktsicht, ohne dass Frau Eveli Maulweger ihrerseits die politische Meinung Frau Vogels zum Hebammenköfferlein ausmachen könnte. Zu ihren drei Mäulern und ihren rund sechs Vorderaugen müsste sie, das Weib, die zweibeinige Dorfzeitung, ja sogar am Hinterkopf Glotzer haben. Hat sie aber nicht, sogar Eveli Vogel-Hübscher nicht!
Sind Triumph und menschliches Elend nicht oft nah beisammen?
Ähnliche Verhaltensweise übrigens auch bei Hermann Forsch (mit Elektronikeinstieg mächtig geworden). In der hintersten Reihe will er begreiflicherweise wissen, ob er auf seine Sklaven bauen kann. Oder ob Programmierer Ehrsam, dem man einfach nicht so ganz trauen kann, in vermeintlicher Tarnung den Toopen doch für die keiben Sozi aufstreckt. Permanente Übersicht sei alles, schmunzelt dezent Hermann Forsch, der Hintergründige.
Ja, und so gelten in Lokalen ohne charmante Enthüllungen leiblicher Art vordere Ränge immer und überall als verachtete Notsitze: Höchstens in der Not frässe selbst der Teufel ausser Fliegen solch gefährlich exponierte Demokratenhocker.
Was aber tun, wenn es einen wegen Hinterfüllung doch einmal in das gefürchtete Schaufenster verschlägt? Nicht verzagen, sogar jetzt ist noch ein Entkommen möglich: Bürger mit Köpfchen retten sich in solchen zugegebenermassen heiklen Situationen geistesgegenwärtig mit totaler

Enthaltsamkeit, präziser mit strikter Stimmenthaltung – nie sollst du mich befragen! Muss nicht Selbsterhaltung in jedem Fall über Bürgerpflicht gestellt werden?
Voilà, das ungefgähr war die Eintretensdebatte. Kommen wir nun, um keine Zeit zu verlieren, zum Haupttraktandum, zur altehrwürdigen, vielgerühmten Gemeindeversammlung, zur reinsten Form der Demokratie, zur heftig pulsierenden Landsgemeinde im Singsaal des Dingsbumsschulhauses von Bumsdings.
Da wäre primär festzustellen, dass sich im Laufe von gar nicht so enorm vielen Jahren die Gemeindeversammlungen nicht und doch enorm verändert haben. Blicken wir nämlich im Zorn oder auch nur in Nostalgie zurück, identifizieren wir die Gemeindeversammlung als reine Männersache, als glanzvolle Show einstiger dörflicher Absolut-Honoratioren – wie heimelig war doch der damalige Volksbrauch: Gemeindepräsident in jedem Dorf automatisch der reichste Bauer. Schon weil dieser in der Regel sowohl lesen als auch schreiben konnte. Wie deutlich, unnahbar prächtig, sehe ich sie noch vorne am zwar verplätzten Ratstisch prangen, die hehren, unschlagbaren Dorfkönige, ja die imposanten demokratischen Diktatoren, das ganze Schicksal der Gemeinde in ihren riesigen Händen haltend. Das waren noch Männer, Sie, potztausend! Da überlegte jedes Schuldenbäuerlein zweimal, ob es in Sachen Subventionierung des Lecksalzes für den Dorfgeissbock das Maul auftun solle oder nicht. Respekt total, bitte, vor solchen Regierern!

Wenigstens malen hätte man sie müssen. Wie sie theoretisch im Kollegialsystem, praktisch im krachenden Einmannbetrieb regierten, mit ihren stinkenden Heimatstumpen das Schulzimmer einnebelnd, auf dem klobigen Schädel den würdigen schwarzen Filzhut balancierend – der Herr Gemeindepräsident durfte zum Zeichen seiner uneingeschränkten Würde während der Versammlungen als einziges zweibeiniges Lebewesen den Hut aufbehalten.
Ach, ein Bild für Götter! Wär ich der Anker oder auch nur der Picasso gewesen, weiss Gott, nicht ungemalt geblieben wären sie, diese einmaligen, einzigartigen Dorfgötter!
Jesses, was schon sind die heutigen Gemeindepräsidenten ohne Hut gegen die Rössli- oder Brissagofestungen von damals? Ein müder Abklatsch faszinierender Regenten, die bei ihrem Führen keine Widerrede duldeten, nicht die geringste.
Womit wir elegant bei den Gemeindeversammlungen der Moderne wären. In diesen ist es, äusserlich wenigstens, ganz anders: Der Herr Gemeindepräsident, nicht mehr überall Eiche massiv, thront kaum noch irgendwo mit Tabaknuggi und aufbehaltenem Hut vor der Versammlung seiner Untertanen. Das Bild Winkelrieds ist somit auch da ganz schön vor die Hunde gegangen. Warum blieb uns von der Kraft und von der Herrlichkeit nicht einmal mehr der Rahmen?
Weinet nicht, ihr Nostalgischen, zwar ist er futsch, der Rahmen, aaaber: Auch unter den modernen Kommunal-Feldherren gibt es tröstlicherweise solche mit Königskrone.

Gut, auf der Zunge oder so tragen sie solchen Ausweis unbeugsamsten Mannestums nicht. Sachdienlich genutzt wird die Krone aber immer noch, neuerdings zwar eher im Verborgenen, auf die elegante Masche, so dass es nicht gerade jeder DD (demokratischer Dubel) auf der Stelle merkt: Von der Macht effizient Gebrauch machen, ohne dass es die Mehrheit der Herde merkt – das, ihr Unmerkenden, ist die Kunst! Sie macht den modernen Gemeindepräsidenten (im Volk respektvoll Gmeinimuni genannt) zum Gemeindepräsidenten, wie ihn St. Jakob sah.

Einen solchen gab es noch bis vor wenigen Jahren, den haben sie ebenfalls gekannt, da überaus populär und beliebt. Schneidig war der – ein Müsterchen: «Wünschtnochjemanddaswortscheintnichtderfallzuseinalsolassichabstimmen!» So die beispielhafte parlamentarische Ausdrucksweise des unerreichten Profis. Ohne je Luft zu holen, somit en passant auch noch umweltfreundlich. Präsidentgewordene Würze in der Kürze. Vor allem bei der langfädigen, Kummer gewohnten Presse ungemein beliebt: Brauchten die Kollenen des Atemlosen für eine Rechnungsgmeini dreieinhalb Stunden, peitschte er eine solche spielend in dreissig Minuten durch.

Der Herr vergelte ihm nachträglich den damaligen frühen Journalisten-Feierabend mit Zins und Zinseszinsen!

In Anbetracht solcher Meisterleistungen: Möge der Gemeindepräsident auch künftig überall der Grösste bleiben! Auch wenn in neuerer Zeit vereinzelte Gemeinderatsmitglieder für Schlagzeilen gesorgt haben. Wie Sie aus der Presse wissen, haben diese trotz des Allmächtigen (Gemeindepräsident) arrogant und vollständig deplaziert das Recht auf eigene Meinung geltend gemacht. Eine sofortige Untersuchung wurde eingeleitet. Von Staates wegen stellte man darauf die Übeltäter unter Denkmalschutz und machte sie so unschädlich.

Dank diesen geeigneten Massnahmen: Wenigstens an den meisten Orten kann die Alleinherrschaft von Gemeindehäuptlingen glücklicherweise auch in Zukunft unangetastet bleiben (für Gemeinderäte ist es ja auch konditionell weniger anstrengend, im Kielwasser des Flaggschiffes zu schwimmen).

Fünf Minuten Rauchpause, kurzes Dankgebet und Lüften.

Dann weiter zum Ewigschönen des Daseins:

Himmliche Rosen im politischen Leben

Wesentlich verändert haben sich in ihrer Substanz auch nicht die Votanten: An jeder Gemeindeversammlung reden immer die gleichen Redner. Zwar, um nicht länger zu werden (selbst wenn sie bloss einssechzig haben). Auch nicht, um den Herr Vorredner zu wiederholen. Ferner kaum je des zur Debatte stehenden Traktandums wegen. Nein, um für die Nachwelt in das Protokollbuch zu kommen, wiederholen sie in dreissig bis fünfundvierzig Minuten das vom

Vorredner Geschwatzte. Also aus durchwegs achtbaren Gründen. Warum sollte ausgerechnet Gemeindeversammlungs-Plauderern das in der Bundesverfassung verbriefte Recht, Minderwertigkeitskomplexe zu kompensieren, abgesprochen werden?
Herr Präsident, ich plädiere auf mildernde Umstände, nehmen Sie's in das Protokoll!
Hocherfreulich indessen, dass man auch hier die Tradition hochhält. Denn ist das Neue wirklich immer das Heil?
Und trotzdem beginnt leider auch in diesem Sektor da und dort die Tradition abzubröckeln – Gemeindeversammlungen haben sich (im Gegensatz zu den hievor angeschwärzten Votanten) eben doch von Grund auf oder mindestens partiell verändert. Dank/wegen den/der Frauen, die sich auch auf kommunaler Ebene das Stimm- und Wahlrecht erkämpften. Erinnert man sich der dunklen Jahre, als politisch mündig gewordene Frauen weiblichen Geschlechts männliche Bastion um männliche Bastion stürmten?
Aber alles hat nun einmal zwei Seiten.
Wie waren doch vorher Männer unter sich, wie wurde jeweilen die Gemeindeversammlung zum genussverbrämten Vatertag! An Gemeindeversammlungen ging man ja weniger wegen der Voten als vielmehr wegen der Zoten: Richtig zum Rotwerden wurden solche gerissen, nach der mühsamen Versammlung. Im Rössli, im Leuen und auch im Sternen. Heil dir Helvetia, wie kamen nach dem politischen Ernst des Lebens deine Söhne als stämmige Eidgenossen aus

sich heraus! Wie sprühten die Pointen der Herrenwitze, wie freiheitlich blühten die praktizierenden Demokraten mit der Hand an drallen Servierhecks auf!
So war es einmal, und so ist es nicht mehr...
Als nämlich eines verheerenden Abends die Mamis der Heimat die erwähnten alten Eidgenossen vollkommen legal unter ihre Fittiche nahmen, war gar mancher Traum von Bier à discrétion sowie von drallen Hinterkeulen ausgeträumt... Zwar empfinden auch Stimmbürgerinnen an Herrenwitzen Freude, Dunkeluntersuchungen haben das klar ergeben. Wie aber dürfte sich eine auch nur halbwegs anständig in Erscheinung tretende Schweizerin trotz zementierter Gleichberechtigung coram publico zu solchen (Kata)Strophen männlicher Geilheit bekennen? Somit unvermeidlich: Die Erde hat die einst freien Schweizer Männer notdürftig männlichen Geschlechts wieder, von der harten Wirklichkeit wurden sie aus drallen Träumen gerissen.
Allerdings muss auch das andere einmal gesagt sein: Demokratinnen nehmen ebenfalls nicht wegen der Voten an der direkten Demokratie teil. Eher wegen der Noten, der imaginären: Rivalisierende Truppen der stimmberechtigt gewordenen Bürgerinnen teilen in Sachen weibliches Erscheinungsbild nach der Wahrnehmung neutraler Beobachter extrem brutal Noten aus, das heisst zwischen langweilig unpersönlichen Sachgeschäften vernichtende persönliche Werturteile.

Gerade deshalb sind auch Gemeindeversammlungen wenigstens inoffiziell Modeschauen geworden. Gott, wie ergelbt da die Meier ob des Frühlingsgrünen der Müller! Wie seelisch kreidebleich fühlt sich ihrerseits die Müller, weil das atemraubende Rote aus dem Sommerkatalog ausgerechnet die Huber haben konnte (dank ihrer Wespentaille, aber die frisst ja nur noch Zitronen und Joghurt nature!).
Fachfrauisch benotet werden bei der rasend spektakulären Verlesung des Protokolls (17 Seiten enge Schaltung) durch den stets heiserer werdenden Herrn Verwalter selbstredend auch die Frisuren der wunderschönen und doch so viel menschliches Elend anrichtenden Demokratinnen – kein Wunder, dass sich das Lokalgewerbe die Hände reibt, wenn endlich wieder eine (sogenannte) Gemeindeversammlung fällig ist!
Davon abgesehen aber: Dank dem Stimmrecht für mündig gewordene Schweizerinnen weiblichen Geschlechts bleiben Schweizer endlich wieder auf dem geraden Weg der Tugend. Wie sich's gehört. Bitte Wege nicht verlassen, Rasen nicht betreten, nicht aus dem Wagen spucken. An der zweckmässigen kurzen Leine führen tüchtige moderne Stauffacherinnen ihre unglückseligen Tellensöhne nach dem Traktandum Diverses ja ohne sündenträchtige Umwege in Mutters häusliche Geborgenheit zurück. Weder im Rössli noch im Leuen noch im Sternen können verhältnismässig Männer gebliebene Gatten somit in Anfechtung fallen, ob Drallem an Leib und Seele Schaden nehmen. Trotz Frei-

nacht bis zwei Uhr nicht. Das strenge Verbot, irgendwie über den Hag zu fressen, hat einem Land die Sauberkeit zurückgebracht – deshalb auch in meiner Brust ein beglückendes Gefühl tiefer Dankbarkeit.
Empfanget deshalb zum Schluss den Dank des Vaterlandes, ihr (angeblich) zarten Schutzengel gefühlsverrohter Schweizer Landsknechte. Ihr habt aus wüsten Saufhorden und ausschweifenden Frauenhelden wieder wohlgesittete, zivilisierte, ja kultivierte Pflichtdemokraten gemacht. Mögen dank euch Gemeindeversammlungen auch fürderhin den prickelnden Reiz traktandierter Langeweile voll entfalten.
Ja, das wären sie, die demokratischen Tatsachen: Frauen gegen die Entheiligung direkter Demokratie – muss ein Fingerzeig Gottes gewesen sein, die Sache mit dem Frauenstimmrecht.
Jetzt aber, schon beim Traktandum Verschiedenes, kurz vor dem im Altertum bewilligten demokratischen Schlummerbecher: Wünschtnochjemanddaswortscheintnichtderfallzu-
 seindannschliessichdieversammlungkommensiegutnachhausemeinedamenundherren!
Und nehmen Sie bitte die sich herauskristallisiert habende Erkenntnis auf Ihren anfechtungsfreien Heimweg mit: Sogar stimmberechtigte Frauen haben ihr Gutes.

Vom Recht auf Dreckfehler

Doch, doch, auch Setzerinnen/Setzer sind Menschen. Liebe sogar. Vielfach (wie Sie und ich) allerdings wetterabhängig, föhn- oder schwiegermutterempfindlich. In Sachen Schwiegermütter der Fairness zur Ehre: Es sind viele Setzer gemeldet, die gar nicht unter der Schwiegermutter leiden. Im Gegenteil, richtig verhätschelt werden diese von dieser (solche schwiegermütterlichen Idylle kommen übrigens öfter vor, als der schwiegermutterwitzgläubige Laie denkt). Nein, wohl im Sinne ausgleichender Gerechtigkeit leiden die eben erwähnten Setzer unter eigenen Gattinnen. Unter Umständen unter fremden – unter jedem Dach ein Ach!

Auf Anfrage sodann konnte ich erfahren, dass der Schöpfer in die wirklich genial erschaffene Welt ausser Föhn bewusst Hexenschuss, Montage, Steuerbehörden, tratschsüchtige Nachbarn, Schulzeugnisse, Liebeskummer, unerschwingliche Pelzmäntel, Zahngrimmen, Garagerechnungen, senkrechtstartende Berufskollegen sowie unzählige weitere Bremsklötze ungetrübten Glücks eingebaut hat: Auf dass wir Menschen nicht in den Himmel wachsen, damit wir nicht allzu übermütig ins Kraut schiessen. «Wenn's der Geiss zu wohl wird, scharrt sie», pflegte in diesem Zusammenhang mein Grossvater mütterlicherseits zu sagen.

Damals, als Geissen nicht nur im Naturhistorischen Museum stattfanden, sondern sogar live.

Item, mit dieser gelehrten Einführung in die heutige Meditation des Kleinen Mannes will ich lediglich zeigen, dass offenbar auch Druckfehler – das Grauen jedes Zeitungsmenschen – gottgewollt sind. Selbst wenn sie urheberrechtlich vom Teufel stammen, dem sogenannten Druckfehlerteufelchen. Wie man in Anbetracht des gedruckten Elends verniedlichend von Teufelchen sprechen kann, wird mir allerdings immer ein Rätsel sein!

Indessen gelten Offiziniere (Werktätige in Buchdruckereien) schon von Natur aus als reichlich merkwürdige Geschöpfe des Herrn. Zugegeben, auch sie mussten sich technisch vom Menschen in Computer umbauen lassen; auch sie liess die Zeit modern werden. Merkwürdigerweise aber konnten sie trotzdem gewisse mittelalterliche Züge nicht ablegen:

Wohl aus einer gewissen Mordgier heraus ergreifen diese merkwürdigen Kreaturen nicht selten Stiftinnen und Stiften von eigenem Berufsfleisch und -blut, schmeissen sie unter schauerlichem Hohnlachen in den nächsten Brunnen und fischen sie erst drei Atemzüge vor dem endgültigen Verderben (der Opfer) heraus. So schwarz dieser Sadismus aussieht, für Insider der Schwarzen Kunst sind solche Hazweio-Attentate auf wehrlose Mitchristen keineswegs verdammenswürdiger schwarzer Humor. Denn überleben nicht nachweisbar die meisten angehenden Jüngerinnen und

Jünger den nassen Scheintod im sogenannten Gautschbrunnen?

Und sehen Sie, Trockengebliebene, genau deshalb konnte die Polizei gegen druckende Menschen kaum je effizient einschreiten. Immer noch leider befinden sich die meisten Schwarzkünstler auf freiem Fuss, auf dem sie wie vergiftet setzen und drucken. Heil- sowie Unheilvolles. Vor allem das zweite.

Besonderer Grund zum Jammern ferner: Aus Gründen der Logik und der Konsequenz wird der ohnehin leidende Mensch aus diesem schwarzen Primärgrund bis in alle Ewigkeit auch mit der sausenden Peitsche des erwähnten Druckfehlerteufels gezüchtigt. Keine Schutzimpfung wird diese Seuche eindämmen können. Man müsste schon den Menschen verbieten, namentlich den druckenden. Wäre so etwas in Anbetracht der angeblich angenehmen Machart politisch aber überhaupt durchsetzbar?

Wohl kaum. Sagen wir nach nüchterner Prüfung der schwarzen Sachlage zu Druckfehlern doch lieber demütig ja. Versuchen wir, mit ihnen zu leben. Vor allem wir, die Zeitungsschreiber, also die armen Direktbetroffenen. Nicht den oben beschriebenen Setzern werden von der titulierten Leserschaft ja die unmöglichen Wort- und Satzgebilde angelastet, sondern uns, den doch (fast) immer unschuldigen Artikelverfassern. Ausgerechnet wir, die kleinen Dicken, haben die Fehler schwachgewordener Mitmenschen auszubaden – allerdings: Ist es nicht christlicher, Unrecht zu erleiden als Unrecht zu tun? (so damals meine Grossmutter selig).

Und überhaupt, zum Weltuntergehen schlimm sind Druckfehler ja auch wieder nicht. Wenigstens die einfachen Vertippungen, die selbst hochkarätigen Sekretärinnen unterlaufen können, wenn diese verliebt sind. Denn meistens realisiert derr eilige Leser solche Druckfehlerchen gar nicht: So wie wir Gestressten der Neuzeit Nachrichten hören, ohne sie aufzunehmen, lesen wir Zeitungen, ohne deren Inhalt richtig wahrzunehmen.

Und genau das ist doch das unverschämte Glück der Presse: Viel verletzte Ehre bleibt unbeklagt – viel durch Druckerschwärze entwertetes Papier landet so nicht im Gerichtssaal, sondern sinnvoll im Gärtnerei-Magazin (zum Einwikkeln von Kopfsalaten, Kohl und Kabis, auf dass der Stil gewahrt bleibe). Journalisten-Schutzengel haben in diesen ungefährlichen Fällen kaum Arbeit.

Warum jedoch ausgerechnet Artikel mit kritischeren Durckfehlern trotz des erwähnten Verlustes von Wahrnehmung vom restlichen Geist regelrecht gierig aufgesaugt werden? Und warum vor allem legt man immer ausgerechnet mir die gewichtigen, merkbaren Druckfehler ins Nest?

Auch ich verstehe ja, dass neben dem Recht auf Grippe in den Gesamtarbeitsverträgen für das grafische Personal das Recht auf Druckfehler verankert sein muss. Berechtigt dieser menschliche Passus jedoch alle Setzer der Heimat, aus

meinem ökumenischen Gottesdienst verbissen und ohne Ausnahme einen ökonomischen zu machen? Seit Jahr und Tag? O wie habe ich mich nach mehreren Dutzend ökonomischer Gottesdienste mit östlichen Geistesübungen menschlich ausgereift, um auf Lebenszeit den ökonomischen Gottesdienst mit der Milde des Verzeihenden hinnehmen zu können! Gebe Gott, dass in den Spalten meiner Zeitung nicht doch noch eines Tages ein ökumenischer Gottesdienst stattfinde – der Schock meinerseits wäre verheerend!
Und schon kann man sich als gläubiger Mensch des ungläubigen Ausrufs zu Recht nicht enthalten:

Ist das möglich – ausgerechnet hier?

Eine traurige Tatsache bleibt's: Merkwürdigerweise suchen die peinlichsten Druckfehler gediegene sakrale Bereiche heim. Auch das folgende Geschehen eine wahre Geschichte, die das hektische Leben schrieb, auf Ehr und Gewissen ein Tatsachenbericht: Kreierte da ein Herr Pfarrer für unser Blatt (gediegen, hab' ich es bereits betont?) eine gediegene Osterbetrachtung. In dieser fand sich die deutlich geschriebene Manuskript-Passage «Jesus starb am Kreuz». Wie aber staunten Verfasser und Leser, als via Presse kund zu wissen getan ward: «Jesus starb an Krebs»!
Nach dem Erscheinen dieser erbaulichen Lektüre musste

übrigens das Amt für Lufthygiene vorübergehend unsern Zeitungsbetrieb schliessen (die Dicke der Luft überstieg bei weitem die zulässigen Höchstwerte). Ausserdem trat der unverantwortliche verantwortliche Korrektor vom Dienst in die Fremdenlegion ein. Und auch der Redaktor vom Osterdienst quittierte seinen generellen Dienst. Erbaute sich in einem unwegsamen Krachen des Basler Juras eine schlichte Einsiedlerklause, gelangte von journalistischen Erläuterungen zur wunderbaren Selbstläuterung und wurde ein guter, also nicht mehr journalistisch tätiger Mensch.

So gereichte das Kreuz mit dem Kreuz (Teufel des fehlerhaften Drucks) der Menschheit letztlich doch noch zum Segen. Dies umsomehr als auf inbrünstiges Bitten der Sünder zur dezenten Vergebung auch die verletzte Geistlichkeit Hand bot. Sie ist ja von Berufes wegen zum Verzeihen verpflichtet.

Zu den weniger geistlichen Leuten zurück. Wie Sie, vom Druckfehlerteufel noch nicht zerstörter Leser, sehen, mischen bei journalistischen Kataströphlein die hohen Redaktoren nicht selten wesentlich mit, und wäre es nur mit ihrer leidigen Austausch-Manie: Redaktoren sind es ihrem ehrenvollen Status schuldig, gescheiter zu sein als die arbeitenden Mitkämpfer, als die journalistischen Unterhunde. Um ihre Macht effektvoll demonstrieren zu können, müssen Redaktoren deshalb oft die hundertprozentig passenden Überschriften der Artikelverfasser gegen hundertprozentig unpassende eigene austauschen. In den meisten

Fällen haben diese mit dem Inhalt des Artikels nicht mehr das Geringste zu tun – noch schlimmer: Sie kehren in Grossschrift die sachliche Aussage ihrer doch so seriösen Berichterstatter in das pure Gegenteil um!

Es ist sehr zu begreifen: Heftig schütteln ob dieser journalistischen Glanzleistungen – natürlich des Artikelschreibers, nicht des verunstaltenden Oberhundes, da immer die kleinen Dicken – sämtliche Köpfe. Nur kalt und überheblich lächeln darob die Redaktoren. Körperliche Bewegung (also auch Kopfschütteln) sei gesund, behaupten sie, mit dem Eigendünkel von Redaktoren, dem weitbekannten. Verleiht Gott beim Geben von Ämtern ausser der Macht wirklich auch Verstand?

Herrjeh, mit der Dummheit sowie mit Redaktoren kämpfen Götter selbst vergeblich! Aber Hand aufs Herz: Äufnen nicht auch Redaktoren unfreiwillig Gallensteine? (Man vergleiche eingangs unter Schwiegermüttern).

Seid deshalb gegen allmächtige Widersacher tolerant, geknechtete Zeilenbastler ohne Recht auf eigene Überschriften. Für eure extern unbegreifliche Liebe zu Auch-Menschen werdet ihr voraussichtlich bereits im nächsten Leben belohnt werden. Wahrscheinlich mit einem Redaktorenposten.

Nun, ob meisterhaft verfasste Zeitungsartikel durch Druckfehler oder durch menschliches Versagen vorbeschriebener Art bis zur Unkenntlichkeit entstellt werden – unbeirrt davon wird sich die Erdkugel weiterdrehen. Denn gerade die nach solchen Pannen bitter notwendig werdende Toleranz ist bekanntlich der Abonnenten Hauptstärke. Auf ihre beglückende Menschlichkeit und Nachsicht dürfen wir unvollkommenen Schreiberlinge gottseidank in jeder, auch in der schiefsten Lebenslage zählen. Haben wir deshalb bei der Ausübung unseres gefährlichen Berufs künftig viel weniger den Gagg in den schnellen Hosen – dank Menschlichkeit, so weit das Auge reicht, kann uns vielleicht Schlimmes, jedoch nicht Schlimmeres widerfahren.

Vorsicht hingegen ist nach wie vor in kleineren Dimensionen geboten. Nehmen wir nur das Beispiel Meier/Meyer. Selbst wenn wir die furchtbarsten Druckfehler, ja sogar lichte Momente standesbewusster Redaktoren einkalkulieren, passiert am Ende todsicher nichts. Dank der erwähnten, an Wunder grenzenden Lesertoleranz nämlich werden Meier/Meyer mit einem gutmütigen Lächeln des Verzeihens reagieren, so sie an ihrem achtzigsten Geburtstag (statt «kaum gebeugt von der Last der Jahre») als «kaum gebeugt von den Lasterjahren» hochgejubelt werden.

Eines freilich dürfen Sie, geschätzte Schreibkollegen, aber auch gelegentlich artikelnde anständige Mitmenschen nie und nimmer tun: in der Zeitung einen Meier als Meyer oder aber einen Meyer als Meier erscheinen lassen!

Dies wäre ein journalistisches Kapitalverbrechen der Giftklasse eins!

Denn selbst der endesunterzeichnete Meyer, der doch bei Insidern wenigstens phasenweise (bei Neumond und Nichtföhn) als leidlich umgänglicher Mensch gilt, wäre diesbezüglich hoffnungslos überfordert. Schliesslich ist in den meisten Fällen der Name des Menschen das Ehrlichste, das er hat!

Hesch e Film drin? Muh-muh!

Klar, nicht bloss Leute hinter der Front (Redaktoren, Setzer, Korrektoren) werden gemäss vorangegangenen Kapiteln von journalistischen Pannen heimgesucht. Oft – zu oft – sitzt der bibaböse Wurm gleich an der Quelle allen Übels, also bei uns Artikelschreibern. Selbst bei gewissenhaften bis pingeligen (niemand wird es glauben, aber tatsächlich sind gewissenhafte Zeitungsschreiber registriert).
Allein schon die Sache mit dem Film. «Hesch e Film drin?» lautet die umwerfend originelle und von Zeitungsknipsern immer wieder gern gehörte Scherzfrage Hänselnder (Haahaa).
Einfach unmöglich! Warum nur werden ausgerechnet harmlose Pressefotografen zum Gespött der ganzen Menschheit? Etwa wegen des damaligen kleinen Zwischenfalls mit der neuen Standarte, zu deren Einweihung die Kantonspolizei eingeladen hatte? Die Halle des Ereignisses hell oder dunkel – mittelempfindlichen Film oder schnelleren? Ich, der ehrenvoll beauftragte Bildreporter, würde vor Ort darüber entscheiden.
Genau vor Ort wurde es denn auch herzlich sowie gut, die Sterne und das Fotografierlicht standen günstig. Ausserdem Wiedersehen mit älterem Wachtmeister, der meine Zei-

tungsarbeit stets fair erleichtert hatte – ein echter Anlass für begeisterte zwischenmenschliche Kommunikation, Polizeier sind ja gar nicht so, wie sie sind. «Und wie geht's Ihnen, immer noch ledig?»
Siehe da, die Freude hielt an, auf drei ging's los, bester Bildwinkel, alles stimmte diesmal, ich schoss begeistert – kann der Profi oder Fastprofi die Qualität nicht bereits beim Klicken beurteilen?
Eben. Deshalb begab ich mich erst spät am Abend in meine asketisch einfach dunkle Kammer (nach gefeiertem Wiedersehen). Leichten Herzens. Wirklich alles ging leicht, sogar das Zurückspulen des belichteten Films – war's die erwähnte Wiedersehensfreude?
Und ich spulte und spulte. Und es ging widerstandslos. Und erst als es immer weiter widerstandslos ging, immer weiter, ja, da begann sie endlich in mir aufzusteigen, die Ahnung, die furchtbare...
Hat jemand von Ihnen in einer solchen Ahnung zitternder Finger und tobenden Herzschlags je die Rückwand einer Kamera geöffnet? Nicht meinem ärgsten Feind wünsche ich solches an!
«Die plötzliche Leere des W.F.M» – o beglückendes Wiedersehen, wie bitter kannst du gleichzeitig sein!
«Hesch e Film drin?»
Meistens allerdings trägt an journalistischen Kleinkatastrophen nicht landläufiges menschliches Versagen die Schuld, sondern der hier grassierende, oft regelrecht blödsinnige

Zeitdruck: Was heute passiert, muss gestern in der Zeitung stehen!

Nur wer zuallererst sät, erntet vor der (ebenso) gierigen Konkurrenz noch bescheidene Mengen mickerigen Korns...

«Du, ich brauche einen Bericht über den berühmten Viehmarkt von Dingendings», kabelte mir seinerzeit ein berühmter Lokalredaktor (nach Eigenangabe berühmt).

«Ich bin gestorben», bedauerte ich höflich.

«Dann ruhe in Frieden, die Umwelt hat diesen verdient, aber mach wenigstens vorher noch den Muhmuhbericht, der Märt ist Mittwochmorgen, ich will die Story in der Mittwoch-Nachmittagsausgabe haben, dann sind wir zuerst, jetzt ist Dienstag 11.07 Uhr, schreib ihn, während rechtschaffenere Leute Mittagsatzung feiern, als braver Zeilenbub vor, das kannst du ja, du mit deiner krankhaften Fantasie, ist ohnehin immer gleich, das Plätschplätsch-Festival, bis heute mittag 16.00 Uhr will ich den Bericht, bis 16 nullnull, hörst du!»

«Hornochse, du kannst mir muhen», äffte ich zurück, denn unter Journalisten ist der Ton gepflegt. Hätte ich ihm doch nicht geplappert, dass ich bei einem Geistheiler aus dem Appizöllischen in Behandlung bin (Überfunktion der Schwindeldrüse)!

Jedoch, es ist wie Hypnose, nie kann ich Menschen in Not meinen Beistand versagen. Schrieb deshalb wie geheissen am Dienstag den Tatsachenbericht über den Viehmarkt vom

darauffolgenden Mittwoch, wirklichkeitsgetreu, lebendig, illustrativ, farbenfroh. Gute Journalisten gehen schliesslich nicht an Veranstaltungen, sie berichten bloss darüber.
Und bin ich etwa kein guter? Hörte man aus meinen Zeilen nicht tongewaltig das Lisi muhen? Sah man nicht plastisch den Händedruck Händler/Farmer nach zustandegekommenem Kuhkauf? Roch man nicht den rezenten Duft heimatlichen Läppers de vache?
Sie, ich war auf mich ganz schön stolz!
Auch den Ihnen bereits vorgestellten Regionalredaktor stellte mein beispielhafter Blitzeinsatz auf, weil wir tatsächlich als erstes Blatt über den bekannten Viemarkt berichten konnten. Ein bisschen schade war nur, dass der anschaulich geschilderte Viehmarkt diesmal wegen Maul- und Klauenseuche kurzfristig hatte abgesagt werden müssen. (Der genannte Regionalredaktor verreiste damals ebenso kurzfristig in die Ferien, schaltete den automatischen Telefonbeantworter ein und liess die Regionalseite während zehn Tagen von der Raumpflegerin der Redaktion machen).
Aber auch das mit dem Ballon – nur wegen des verdammungswürdigen Zeitdrucks! Liess die mir sympathische Antialkohol-Bewegung Abstinenzia an ihrem fünfzigsten Geburtstag als festliche Attraktion einen Heissluftballon steigen, Start 14.30 Uhr. Mir war's recht, hatte ich doch erst um 16 Uhr die Eröffnung einer Kunstausstellung.
So gegen 15 Uhr begann man gemütlich die Hülle auszu-

breiten... In mir begann es zu strömen, das Adrenalin. Doch siedete und brauste und zischte es alsbald, und um 15.50 Uhr stand die gefüllte Ballonhülle tatsächlich startklar da, stolz, majestätisch. Mit drei extern gelassen wirkenden, intern furchtbar bibbernden Passagieren im Korb, dieser nur noch mit den Leinen an Mutter Erde gefesselt.

Bei mir Stein vom Herzen, es würde reichen... Noch rasch den feuchten Zeigefinger in die Luft, Windrichtung bitte: Volle Beachtung der journalistischen Sorgfaltspflicht – ein stolzer Ballon kann schliesslich bei steifem Ostwind nicht gen Westen segeln!

Dachten indessen die Leser, besonders jene der Abstinenzia, am Montag wie ich an des Schicksals Mächte, als sie in unserer topseriösen Zeitung staunend das eindrücklich geschilderte Entschweben des Ballons nach Osten lasen?

Doch jetzt sagen Sie mir ehrlich: Konnte ich auch nur mit einer einzigen Gehirnzelle ahnen, dass um 15.53 Uhr wegen plötzlich aufkommenden starken Windes die attraktive Ballonübung brüsk abgebrochen werden musste?

Weil man in der Abstinenzia statutengemäss christliche Nächstenliebe praktiziert, war nicht einmal der begeisternd dargestellte Abflug des nicht abgefahrenen Ballons der Stein des Anstosses – in die Nase der Abstinenzia hingegen stach der Einleitungssatz meines Exklusivberichtes. Hatte ich da unschuldig sowie in sympathischer kindlicher Einfalt sachlich geschrieben:

«Die regionalen Abstinenten feierten am vergangenen

Samstag das fünfzigjährige Bestehen ihrer Vereinigung mit einem Ballon».
«Möchten Sie Ihre Schreibmaschine nicht doch gegen eine Angelrute oder gegen ein Briefmarkenalbum eintauschen?» fragte mich nach dem Anruf der Abstinenzia der Herr Chefredaktor. Merwürdig kurzangebunden.

Trink, trink, Schreiberling trink!

Sind alle Zeitungsschreiber bereits gegenständliche oder erst potentielle Säufer?
Die seinerzeit als Redewendung missbrauchte Geiss schleckt es nicht weg: Journalisten müssen tatsächlich als suchtgefährdet eingestuft werden, warum? Weil der in diesem verrückten (verrückt schönen) Metier ständig grassierende Zeitdruck und die immer bedrohlicher werdende Angst vor der lieben Konkurrenz praktisch alle Vertreter dieses Verschleissberufes überdurchschnittlich dauerstressen, körperlich wie seelisch.
Eben deshalb. Fand es nämlich nicht bereits der vergnügliche alte Willi heraus: Wer Sorgen hat, hat auch Likör! Weil Sorgen jedoch auch in der unseligen Journalistik schwimmen können, haben sich Zeitgefolterte mit weiteren Arzneien über Wasser zu halten, vor allem mit Nikotin, mit Räucherstäbchen, weissen Sargnägeln... Einerseits zur Beruhigung, andererseits zum Stimulieren (die Konkurrenz wacht!).
Der Teufelskreis par excellence also.
Rafften Alkohol und Nikotin nur nicht die halbe Menschheit hin! Obgleich es (gemäss Sprichwort) ohne Alkohol und Rauch die andere Hälfte zwar ebenfalls putzt, grenzt es

an eine Umweltkatastrophe, zumindest an ein gottloses Verbrechen: Dass unsere Wohlstandsgesellschaft trotz der erwähnten berufsbedingten Risikofaktoren Journalisten mit zusätzlichen Mätzchen in das Elend von Sucht und Abhängigkeit zu stürzen versucht. Primär durch Vergewaltigung selbst trinkunwilliger Zeitungsschreiber mit prestigehaltigen Alkohölern jeglicher Art!
Genau darum macht Gelegenheit nicht bloss Diebe, sondern auch Trinker. Lassen Sie es mich erklären.
Die üble Praxis nämlich: Könnten Sie erleben, mit welchen Mengen von Promillesäften Unternehmer beispielsweise bei Geschäftseröffnungen die Presse abtränken, um aus ihr mit genügenden Mengen Rot- und Weissweinen einen möglichst wohltätigen PR-Artikel herauszuschinden! Besonders deshalb, weil trotz massenhafter Aufklärung über eine gesündere Lebensweise immer noch mittelalterlicher Aberglaube herrscht. Beispielsweise, man könne ausschliesslich mit schärfsten Alkoholika Eindruck schinden, Goodwill züchten, den vollendeten grossen Siech mimen – prost!
Dämmerte es diesbezüglich in alkoholgeschwängerter Atmosphäre doch endlich!
Perfiderweise können sich Journalisten gegen aufgedrängten Sprit ja nicht wehren, weil bei hochkotziger Gelegenheit zu Alkohol kaum je eine Alternative kredenzt wird. «Orangensaft, wir, die international renommierte Klotz & Pulver AG? Ja, sagen Sie, geht's noch?» ha, in ihren Kreisen sei dann Schämpiss exklusiver Provenienz das Mindeste.

«Und ihr Zeitungsmenschen seid, wie die Erfahrung zeigt, doch keine Kindergärtner, hahahihi!»

Und so stehen sie eben weiterhin herum, die PR-halber vollgepumpten Gelegenheitstrinker. Addieren verzweifelt Promille. Aspiranten des trunkenen Berufselendes, die nicht (mehr) nein sagen können. Kandidaten für die Trinkerheilanstalt. Mit glasigem Blick der sozialen Abstiegstreppe entgegenschlingernd – Motto: Von da an geht's bergab...

Dabei ist es die Wahrheit und nichts als die Wahrheit: Kaum fünfzig Prozent von uns Zeitungsschreibern streben eine Säuferlaufbahn an. Warum treibt unter solch günstigen Voraussetzungen die extrem prestige- und standesbewusste Wohlstandsgesellschaft das üble Spielchen dann trotzdem weiter? Warum stösst sie mit ihren längst veralteten Ansichten über alkoholisches Pflichttränken unschuldige Journalistenfamilien ins Säuferelend?

Weiss Gott, man braucht weder fanatischer Alkoholgegner noch verbissener Mässigkeitsapostel zu sein, um es nüchtern oder sogar schon leicht angesäuselt zu erkennen: Die auch bei uns verbreiteten teutonischen Saufsitten als gesellschaftliches Pflichtfach braucht es nicht mehr – auch ohne männliches Rauschobligatorium werden in der Zeit der Aufklärung Männer immer mehr als Männer anerkannt.

Man wird deshalb höflich gebeten, nicht bloss die Kleider in der Anstalt zu ordnen, sondern vor allem auf den groben Unfug mit der geistigen Flasche zu verzichten!

Zum Wohl jedenfalls, meine ebenfalls nicht suffbegierigen

Mittrinkenden, stossen wir an dieser hoffnungsvollen Stelle auf Einsicht und Ernüchterung an – mit einem unmännlichen, unstandesgemässen Traubensäftlein, hahahihi!

Auch meinem lieben Berufskollegen XY (Name von der Redaktion geändert) nämlich wäre Schwachstrom viel besser bekommen: Allzu schwach war der Arme, um im entscheidenden Augenblick zur uneigennützigen Freundlichkeit spendierfreudiger Mitchristen nein zu sagen. Beispielsweise an der Pressekonferenz für das rauschende Dorffest Klapfwiler, erinnern Sie sich?

Sie haben recht, losgegangen war die PR-Tour beim Präsidenten des Organisationskomitees, dem bekannten Weinhändler YX (Name von der Redaktion geändert). Im tiefen, tiefen Keller, mit den grossen, grossen Fässern. Und der OK-Preesi liess sich nicht lumpen: Wer von der Presse etwas erwartet, stelle sich mit der selben gut – eine Hand wäscht die andere!

Klar, dass anschliessend auch die Inhaber der 22 originellen Festbeizlein ihre verblüffende Leistungsfähigkeit nutzbringend beweisen wollten. «Aha, unser schlechtes Weinlein schmeckt euch nicht, seid wohl bessern gewohnt», hiess es zuweilen enttäuscht. So dass XY verzweifelt Armheben rechts machte, noch und noch, für und für. Er zeigte sich auch diesmal als herzensguter Mensch, dem enttäuschte Festwirte schwer aufs empfindliche Gemüt schlugen.

Als XY dann nach zwei Tagen aus der Notfallstation entlassen werden konnte, musste er einen weiteren Tag vertrö-

deln: Auf der weitläufigen Via alcoholis Such- und Sammelarbeit! Moped, Hut Regenmantel, Fotoapparat, Brieftasche, Stumpenetui, Krawatte, Hosenträger, Notizblock, Kugelschreiber und so (einzig die Brille, der linke Sockenhalter und die obere Zahnprothese waren nicht mehr auffindbar).
Schon vor dem erwähnten Naturereignis freilich hatte XYs Gutsein nach ärztlicher Diagnose unverhältnismässig viele seiner Gehirnzellen zerstört. Mit Rücksicht auf den kärglichen Rest von Leber sodann empfahl der Herr Doktor unserem herzensguten Kollegen dringend einen Berufswechsel.
Ja, und glücklicherweie sind Gottes Wege zwar unerforschlich, aber wunderbar: Nur wenige Wochen später wurde XY doch noch auf den schmalen Weg zum Licht geführt: Ein Verlag, der mit abschreckenden Publikationen mutig gegen die Geissel des Alkoholismus kämpfte, bot XY eine Dauerstelle als Fotomodell an.

Gehrte Redackzion!

Zu den wichtigsten Bestandteilen jeder Zeitung gehören die Leserbriefe. Manche Redaktionen haben das begriffen. Andere (zu ihrem Nachteil) noch nicht.
Schon rein wirtschaftlich/kaufmännisch, sofern wirtschaftlich überhaupt rein sein kann: Sind Leserbriefschreiber nicht wertvolle Mitarbeiter, die ein Verlag erst noch nicht bezahlen muss? Ihren Text liefern diese ja in beglückender Fülle, so dass die meisten Blätter ihre Spalten sogar in der berüchtigten Sauregurkenzeit füllen können. Wie erwähnt, ohne unter Honorargeilheit zu leiden: Mit Initialen oder gar mit vollem Namen im Tagblättli zu stehen, ist diesen Mitarbeitern Lohnes genug. Solche Idealisten gibt es wirklich noch!
Die vox populi, also die Stimme des Volkes, indessen geht weit über pekuniär abgeltbare Werte hinaus. Was der Applaus beziehungsweise die geschmissenen faulen Eier für den Künstler, das sind die Leserbriefe für die Zeitungsmacher: ein nicht genug zu würdigendes Echo! Vor allem dank diesem können Zeitungsbastler abschätzen, ob ihr gefreutes Produkt beim Konsumenten ankommt oder ob es wirkungslos im Kosmos verglüht beziehungsweise in Kläranlagen biologisch abgebaut wird.

Und bereits zeichnet sich beim Fachausdruck Kläranlage der ausgesprochene Spezialfall ab: Keineswegs entscheidend ist es, wie das spezielle Produkt vom speziellen Konsumenten angenommen wird – wichtig ist einzig, dass! Dass die geneigte Leserschaft einen Artikel annimmt, dass sie ihn also nicht brutal ungeöffnet postwendend für hinterhältige Zwecke missbraucht.

Denn Sein oder Nichtsein hängt hier gleich wie bei den faulen Eiern (siehe oben) vom Zustandekommen eines Echos schlechthin ab, töne dieses harmonisch oder aber vollkommen miss.

Dass sich die Redaktoren diese Tatsache endlich hinter die oft läutenden Ohren schrieben!

Aber nein, im Gegenteil halten immer noch unaufgeklärte Herrscher über gedruckte Zeilen jene Mitarbeiter, die als Quittung nie einen bitterbösen Leserbrief kassieren, für die besten.

Welch ein Irrglaube!

Denn: Wenn Mitarbeiter vor dem Hinauslassen eines Beitrages stets den feuchten Finger aufheben, wenn sie sich schlotternd bemühen, ja nirgends anzuecken, wenn sie auf dem ungefährlichen Mittelweg stets elegant durch die durchschnittleiche Volksmeinung kriechen – sagen Sie, ist das nicht zum Dingsen trostlos? Müsste man nicht gerade diese superlangweiligen, salzlosen, blutarmen, bleichsüchtigen, gesichtslosen Journalisten verbieten?

Herrschaft nochmal, ein profilierter, kurzweiliger Artikel-

Hebammerich hat doch herauszufordern, zu wecken, Mitdenken zu provozieren, in Fettnäpfchen zu treten, Wespennester zu zerstochern, in den weltlichen Ameisenhaufen Leben zu bringen – kurz für Leserbrief-Raketen die Abschussrampe zu installieren!

Schon deshalb, weil eine Zeitung auch für das Volkswohl etwas tun muss: Sollte nicht jeder Puls täglich einmal auf erhöhte Frequenzen gebracht werden? Und kurbelt nicht gerade ein Zeitungsartikel, «der blödsinnig daneben ist», den Blutkreislauf der Öffentlichkeit wirksamer an als die pulverisierten Ursachen der Kostenexplosion im Gesundheitswesen?

«'s het my vor Wuet fascht verjaggt, aber deene Cheibe hanis gschribe!» verkündet doch im Sternen erleichtert Gopfrid Grossenbacher als bewährter Leserbriefschreiber. Ist ja wirklich ein Skandal, den Grossenbacher in der Zeitung totzuschweigen, obgleich dieser im Rechnungsbüro der lokalen Kegelmeisterschaft zweiter Rechner war!

Der Leserbrief wird's schon richten, der Leserbrief macht alles wieder gut. Besonders wenn er mit Bleistift Nummer vier geschrieben wird:

Mmmmhhh, Wonnewonne, gudigudifeinifeini, Lippenlecken, Zähnefletschen, Bizepsspannen, Kopf in den Stiernacken, fünf Meter Anlauf, zwei, drei – sich einmal nur, oder noch besser, immer wieder, seinen Sauzorn, seine Stinkwut von der Seele leserbriefschreiben, es diesen Fotzelkeiben zeigen, heja, als ehrlich zahlender Abonnent!

Haben sie nicht recht, wenn wir Schreiberlinge dermassen rücksichtslos unter das beachtliche geistige Niveau eines zeitungsbewussten Volkes gehen? «Wir sind schliesslich zivilisierte Menschen mit Niveau und Anstand», hatte mir denn auch einmal ein freundlicher Leser kund und zu wissen getan, «Ihren primitiven Stil können wir uns deshalb unmöglich gefallen lassen, merken Sie sich das, Sie Arschloch, Sie Zeilenfurzer!»
(Mit Rücksicht auf allfällige noch höher zivilisierte Leser durften wir auf entsprechende artige Bitte das Arschloch und den Zeilenfurzer durch den gediegeneren Fachausdruck Schmierfink ersetzen).
Entschieden weniger tolerant sind Leserbriefschreiber bei grammatikalischen Pannen: «Gehrte Redaktion», lautete damals die Quittung eines Erbosten, als mir der liebe Setzer aus einem ehrlichen N ein rauhes R gemacht hatte, «einer wo nicht einmal der Akkusativ kann, sollte mit Schuhwichse hausieren!» Als ob Schuhwichse – sieht man von der Anwendungs-Geographie ab – etwas Niedriges wäre!
Nominativ, Genitiv, Dativ – spielt in der Juristerei nicht gerade der Begriff materiell eine besonders wichtige Rolle?
So möge es nicht erstaunen, dass auch Leserbriefe vor allem Materielles brandmarken. Da war doch der Schwartenmagen, gross wie ein Abédeckel, den ein hungriger Maurer zum Znüni verzehrte. Mit der Unschuld des Neugeborenen hatte ich ihn (den Schwartenmagen) schnappgeschossen, zur Zeit der sauren Gurken als Füllerhelgen bringen lassen –

alles ohne den von mir geschätzten Zirkel Vegetaria zu berücksichtigen:

«In der Dritten Welt verhungern Tausende, weil die scheinheiligen Entwickelten als fleischfressende Pflänzlein schamlos die Sojanahrung der Hungernden vor die Säue werfen. Und Sie wissen nichts Mutigeres zu tun, als diese Schande noch zu verherrlichen!»

Ein gerechter Tadel, materiell fundiert. Wir trugen die Zeitungsabbestellung von acht Aktiv- und drei Passivmitgliedern der Vegetaria denn auch mit Scham, ja wir gelobten erst noch feierlich Besserung.

Und tatsächlich nahmen wir sie von dorten an noch ernster, die wundersamen Mehrzweck-Instrumente Leserbriefe. Als wichtigen Spiegel der Leserseele. Als Sicherheitsventil für sonst explodierende Zeilenkonsumenten. Als Grundlagen für Verhaltensforschung. Vor allem als architektonisch faszinierende Brücke zwischen Leserschaft und Zeitung – die Brücke zu einem fast unwahrscheinlich toleranten Volk mit Verständnis für Humor (sofern letzterer die andern trifft).

So etwas sollte verantwortungsbewussten, ihrerseits enorm humorbegabten Redaktoren nicht heilig sein?

Unserem Lokalredaktor Christian Hösli jedenfalls war sie heilig, die Stimme des Volkes: Die Fleischausstellung der regionalen Jungmetzger! Das Glanz- und Paradestück, das Breitwand-Aufschnittbüffet – ich knipste es für mindestens vierspaltig.

Hösli schmiss das Breitwandbüffet in den Breitwand-Papier-

korb, brachte den langweiligen Helgen vom Empfang der Ehrengäste...
Ich drehte durch, ergriff den schweren Leimkübel.
«Denk an die Vegetaria», löschte jedoch Christian Hösli meine Weissglut. Väterlich mild. Mit dem weidwunden Blick gebrannter Kinder, die sich vor vegetarischen Feuern fürchten.
Und siehe, es war gut: Diesmal mussten wir bloss elf Abonnements-Kündigungen verkraften (alle von Jungmetzgern).

Der Wilddieb von St. Anthönien

Auch Kultur ist, wenn man trotzdem lacht.
Unser Blatt pflegt betont die Kultur. Denn wir sind (wie mehrfach erwähnt) ein gediegenes. Besonderes Gewicht auf die Theaterkultur: hat die Vereinigung schnittlauchpflanzender Schrebergärtner ihren traditionellen Theaterabend, rasen wir Reporter. Behufs Würdigung der Kultur.
Die wahre Dienstleistung am Wahren, Erhabenen, Unvergänglichen!
Heute abend beispielsweise gab der Ledigenklub Fortuna den Achtakter «Der Wilddieb von St. Anthönien». Wie froh nahm man da die vierzehn Kilometer Distanz zum Wilderer unter den Kautschuk!
Doch jetzt bin ich als Feierabendgestresster bereits auf dem Heimweg. Zu nachmitternächtlicher Stunde (da acht Akte) – wo Vormitternachtsschlaf so gesund wäre! Trete aggressiv das Pedal. Aggressiv, trotz des beglückenden Theaterabends mit weitern acht Gängen bereichernder Kultur?
Sie Sonntagskind! Eine Zumutung war's, eine Kulturkatastrophe, das nicht zu überbietende Debakel vor Kulissen. Aber denen werde ich's zeigen! Noch nie ist der Ledigenklub Fortuna, Abteilung Volkstheater, dermassen in der

Luft zerrissen worden: Kann man mit tituliertem Theaterpublikum dermassen umgehen, he? Sogar mit dem nichtzahlenden (Presse) hätte man minimal Erbarmen haben müssen. Jedoch welch ein Sadismus im Rampenlicht!
Und nach dem Schrecklichen muss ich erst noch vierzehn Kilometer nach Hause fahren! Und ferner blendet wieder so ein Sauhund auf Rädern nicht ab – wie soll man da eine geballte Ladung Zorn loswerden? Gemäss Seelentips vielleicht das Furchtbare nochmals durchleiden und Kilometer um Kilometer abarbeiten, die gequälte Psyche entlüften?
Probieren wir's, bei Kilometer zwei, vielleicht hilft's: Also schon die Stückauswahl, dieser unmögliche Tirolerschunken, ob dem schon Urgrosi selig als züchtige Jungfrau viele Taschentüchlein platschnass plärrte! Gut, die Nostalgiewelle rollt weiter. Und der für auch nicht so entwickelte Zuschauer klar erfassbare tragische Tod des Försters Fridolin Lebrecht (neuer Pfarrhelfer des Aufführungsortes) infolge des Wilderers Hartmut Rohinger (zweiter Sohn des dortigen Spezereihändlers) wäre eine diskutierbare Alternative zum teilweise hypermodernskurrileinfältigen Bühnenbockmist der Neuzeit. Im bengalischen Morgenrot der Förstertragödie doch gewisse mildernde Umstände am Platz?
Wohltuend kühlt dank heruntergelassener Scheibe die Nachtluft den heissen Reporterkopf. Immerhin bereits Kilometer vier: Aber dann die schauspielerische Leistung, Jesus Maria! Nicht einmal auswendig konnten sie den Text, ja alle Zuschauer hörten mit Schaudern die verzweifelt brül-

lende Souffleuse – einzig die um Blashilfe ringenden Mimen hatten eindeutig Schüblige in den Ohren... Ha, gibt das eine vernichtende Kritik! Hat sich in der allgemeinen Verzweiflung zu allem Elend der Landjäger Christoph Stärkle (Zustellbeamter II) gegen die linke Kulissenwand gedonnert, obgleich die einzurennende Försterhaustüre klar in der rechten war... Glücklicherweise wurde nur ein Teil des Bühnenbildes zerstört – kann ich die der Katastrophe gerecht werdenden Kritikerworte finden?

Kilometer sechs: Zugegeben, versucht haben es die dramatisch gewordenen Ledigen wenigstens: Seit einem halben Jahr jede Woche dreimal seriös geprobt, so der Novizenregisseur unserem gediegenen Blatt gegenüber. Immerhin das. Auch wenn es nichts genützt hat. Trotzdem irgendwie tröstlich? Dass da im Zeitalter des totalen Konsumierens Leute ungeheuer engagiert in vielen Freizeitstunden Theater kreieren? Derweilen ihre Mitmenschen lethargisch vor der Glotze durch das Leben dämmern. Vielleicht sollte ich das in meiner niederschmetternden Kritik der Gerechtigkeit halber wenigstens antönen, was meinen Sie?

Kilometer acht: Himmeltraurig gespielt hat ja auch die Hauptdarstellerin Johannaklara als Tochter des Forstmeisters (Postfräulein). Zwar Lampenfieber (man schätzte 47,6 Grad Celsius), aber durfte sie sich dermassen oft verhaspeln? Sonst eigentlich noch sympathisch. Hatte vielleicht niederträchtigerweise gerade das Handicap, das wir Männer nie haben (dafür müssen wir uns rasieren, so Tucholsky).

Wie deshalb Johannaklara optimal gerecht verreissen?
Kilometer zehn: Und die Blamage mit der Bühnentechnik, statt des Güggels, der ab Tonband den jungen Morgen einkrähen sollte: das tränenschwangere «Ich hatt' einen Kameraden» der vereinigten Wildhüter, das ihrem in Grün gefallenen Kollegen erst bei der blutrot beleuchteten Beerdigung gewidmet werden sollte.
Ja, als der fünf Akte voraussehbare ruchlose Mord kaum zu vermeiden war, ging nicht einmal der Schiessprügel los... Dabei habe man diesen in den Proben mindestens vierzigmal eingeschossen, versicherte mir am Bühnenaufgang dumpf der Präsident des Ledigenvereins. Vielleicht sollte ich diese Pannen doch nicht ganz so explosiv niederschmetternd hervorheben? Was nur ist auf einmal mit mir los, übermüdet?
Kilometer zwölf: Die Stunde der Abrechnung naht. Was sein muss, das muss sein, wo kämen wir sonst hin? Ein bisschen sehr viel Pech hatten sie ja schon. Und bestimmt wollten sie ihr Bestes geben: Einmal im Leben auf der Bühne den Rausch des Ruhmes kosten, den Beifall, das Brot der ganz grossen Künstler brechen! Tatsächlich spendete das Publikum am happygen Ende Beifall. Aber der Pöbel ist doch mit sooo wenig zufrieden, oder?
Noch einen Kilometer. Jetzt giessen sie sich vermutlich im Leuen einen hinter die Binde. Elend in den noch geschminkten Visagen, schiefgegangen, die Erde hat sie wieder... Was tut's, ich muss sie zerfleddern, in Atome auf-

lösen, das bin ich meiner journalistischen Pflicht schuldig. Und vor allem der Kultur, Sie!
Ja, und jetzt sitze ich an meiner Satzdrehbank, ein gewissenhafter Theaterkritiker, aufrecht und freudvoll zum Streit.
Zwei Uhr. Der keusche neue Tag. Die Stunde des Zeitungsschreibers: Still, ja leise, eine Stunde voller Milde. Sogar seine innere Stimme kann man da vernehmen: «Und wem eigentlich würdest du mit deinem wutschnaubenden Totalverriss nützen?» fragt es, irgendwo von innen heraus, mein besseres Ich? «O du Törichter, lebe doch lieber und lass leben!»
«Sentimentales Gewäsch!» So ich, wohlig-wütend, spanne das unbarmherzig weisse Blatt ein, presche auf dem Journalisten-Hackbrett los, die Überschrift: «Das erfreuliche Kulturereignis des Monats». Dann den Lead-Satz: «Mit der glanzvollen Aufführung der Tragödie «Der Wilddieb von St. Anthönien» riss die hochtalentierte Theatergruppe des Ledigenvereins Fortuna die vielen Fans ausgezeichneten Volkstheaters ein weiteres Mal zu Beifallsstürmen hin».
Nanu, Theaterkritik ist ja gar nicht so schwierig, darum mit erlaubter Innerorts-Geschwindigkeit weiter: «Unter der einfallsreichen Regie des zu kulturellen Hoffnungen Anlass gebenden Nachwuchsregisseurs Hansheiri James Bitterli wuchsen die eindeutig begabten Mitglieder des Ensembles auch diesmal über sich hinaus.» (Für die restlichen 87 Zeilen verweise ich auf die Übermorgen-Ausgabe unseres gediegenen Kulturblattes). –

PS. Mhhhmhh, mein wundervoller Morgenkaffee ist verdient! Wie meinen Sie, Kulturbewusste, Hochwohlgeborene, konsequente Hüter des Edlen, Reinen? «Heuchler, schamloser!»

Gutgut, stelle ich mich eben ins Eckchen des mit kulturellen Ruten gezüchtigten Theaterkritikers.

Auch mich dünkt ja: Hochglanzkultur im Sterilhaltebeutel ist gut.

Jedoch mich dünkt weiter: Mattlack-Menschlichkeit ist besser, viel viel besser!

Menschlichkeit als Kultur?

Schlusstip: Zurück zum Menschen!

Apropos Menschlichkeit (vorheriges Kapitel), Mensch, Menschliches, Allzumenschliches: Unsere Wohlstandsgesellschaft, die sich merkwürdigerweise nicht immer so wohl fühlt, brauchte eines, eine viel menschlichere Presse!
Nach dreissig Jahren Zeilenschindens bin ich davon mehr denn je überzeugt.
Warum diese Überzeugung? Weil ich in diesen drei Jahrzehnten als bescheidener Lokalberichterstatter den Menschen und dessen wirkliche Bedürfnisse immer wieder deutlich gespürt habe.
Sehen Sie, ein lukrativer Posten als Auslandkorrespondent in Bonn oder gar in Washington ist sicher nicht zu verachten, hebt er doch enorm den gesellschaftlichen Kurswert des journalistischen Würdenträgers. Viel besser als in solch beachtlichen Dimensionen jedoch fühlt man den menschlichen Pulsschlag ganz in der Nähe, auf der Ebene des (scheinbar) Unattraktiven, beim Pflücken des Veilchens, das uns am Wege blüht. Hier nämlich kann man die leisen Töne noch hören. Und sagen Sie mir, sind nicht gerade diese viel aussagekräftiger als das spektakuläre Tschinterättepum der grossen, weiten Welt?
Ja, und so übte ich diesen total verrückten Job eben ausge-

sprochen ruhmlos aus. Einen Beruf oder Nebenberuf übrigens, den man tausendmal verflucht: Wenn man zu nachmitternächtlicher Stunde als Festleiche die an sich bereits gutentwickelten Ehrendamen aus der ein wenig nach Pissoir duftenden Entwicklerschale fischt. Wenn man zwei Minuten vor Redaktionsschluss ausgepumpt mit der ach so kurzweiligen Budget-Gemeindeversammlung eintrudelt. Wenn wieder einmal das ehrlich verdiente Mittagessen einem redaktionellen Feuerwehreinsatz zum Opfer fällt. Wenn man sich über die fast unglaublich hohe Toleranz von Zeitungslesern freuen darf…
Eine erbarmungslose, blutdrucksteigernde, verschleissende Angelegenheit, die Journalistik, glauben Sie mir!
Aaaber: Gleichzeitig etwas, von dem keiner je wieder ganz loskommt, ist er einmal vom berühmten heiligen Feuer angesengt!
Faszinierend, glauben Sie es mir nochmals.
Sind angesichts solchen Gespaltenseins Menschen, besonders zeitungsschreibende, aber nicht eben doch verschrobene, zweigeteilte Lebewesen? Die zeitungsschreibenden deshalb, weil sie auch in einem allfälligen nächsten Leben journalistisch tätig wären – journalistisch tätig sein müssten?
Lässt sich solch Verrücktes überhaupt in dürre Worte fassen?
Wobei wir jedoch glücklich wieder beim Menschen angelangt sind: Er ist es, der den harten Beruf des Journalisten

dermassen faszinierend und einmalig macht. Nirgends sonst spürt man den Menschen, das Menschliche so hautnah wie gerade in der oft belächelten Presse-Nahsphäre. Etwa wenn das neunzigjährige Mütterlein beim Besuch des Lokalkorrespondenten geheimnisvill ein Papiersäcklein aus dem Kuchikänsterlein holt: «Geld kann ich Ihnen für das Eingesandt leider nicht geben, aber diese Änisbrötli habe ich extra für Sie gemacht».

Solcher Lohn, Wissende und Unwissende, macht bei bedauernswerten Lokalreportern manches wieder gut – spürten dabei nicht auch Sie den Atem des Mitmenschen viel besser als im brodelnden Wurstkessel der Weltpolitik made in Bonn/Washington?

Jedenfalls durfte ich es immer wieder entdecken: Die Sehnsucht nach dem Menschen, nach dem Menschlichen besteht mehr und mehr – ein Wunder? In einer immer nüchterner werdenden Zeit wachsender menschlicher Kälte, in einem stets unmenschlicher werdenden Umfeld, in der die (vorläufig noch aus Fleisch und Blut bestehenden) Menschen arg und ärger unter der kühlen Seelenlosigkeit summender Einsammacher (Computer) leiden?

Kein Wunder, herrschaftnochmal!

Ein solches dagegen ist das: Nicht einmal die mittleren und die kleineren Zeitungen nehmen die sich gerade für sie abzeichnende Überlebenschance – Anpassung an die sich zeitbedingt veränderten Leserbedürfnisse – voll wahr!

Zugegeben, gerade in der Journalistik verkauft sich Negatives, Schauerliches ungleich schlanker als Positives/Gefreutes. Sicher begreiflich deshalb, dass mancher Redaktor bei Dienstantritt inbrünstig betet: Und gib uns heute unsern täglichen Mord!

Jedoch, trotzdem: Warum kann man (aus wirtschaftlichen Gründen) nicht das eine tun und (aus menschlichen) das andere nicht lassen? Wo doch längst erwiesen ist, dass es in neuerer Zeit mit dem täglichen Lustmord allein nicht mehr getan ist.

Ja, oft möchte man's erstaunt fragen: Sind die Produzenten gewisser immer kälter werdenden, zusehends auf knallhart getrimmten Zeitungen denn samt und sonders blind/taub?

O erkennten die Unverantwortlichen doch endlich die Zeichen einer ganz, ganz anderen Zeit!

Wer auch nur ein wenig Leserforschung betreibt, entdeckt es nämlich: 99,67 Prozent aller Leser sehnen sich in der geschilderten unmenschlichen Atmosphäre zunehmender Leere, Anonymität, Lieblosigkeit, Herzenskälte und Einsamkeit zurück nach dem Menschen, dem Menschlichen, nach etwas Wärme, Herz und Gemüt, nach einem feinen Bissen gedruckter Zuneigung, ja nach Zuwendung in jeder lieferbaren Menge. Im Sumpf der Lustmorde, Terroranschläge, Politskandale, Wirtschaftsverbrechen und dergleichen sogar nach ein paar Blumen, die durchaus in Zeitungsspalten blühen können, die aufstellen, trösten, beglücken...

Gerade die Schönheit von Blumen kann doch anstecken.

Warum lässt man in Zeitungen trotzdem so selten Blumen blühen?

Ach sähe man es in den Redaktionsstuben doch ein: Dass die gedruckte Presse im Zeitalter der naturgemäss viel schnelleren elektronischen Informations-Medien ihre Aufgabe längst nicht mehr allein in der landläufigen Information der Leser sehen sollte!

Dies möglichst, bevor es zu spät ist. Die Medizin zum Überleben von mittleren und kleineren Zeitungen besteht zur Hauptsache tatsächlich aus vermittelter menschlicher Nähe, aus vermehrt praktizierter schlichter Menschlichkeit. Wird dieser Wunderbalsam in richtiger Dosierung verabreicht, können die Bedürfnisse der Leser sogar in der heutigen, wie erwähnt ganz andern Zeit problemlos befriedigt werden.

Können sich unter solchen verheissungsvollen Zukunftsaussichten die Redaktoren weiterhin scheuen, das am nächsten Liegende, das bloss scheinbar Nebensächliche, die nach aussen hin nicht spektakulären Seiten des Menschenseins, den neuen Küngelstall der Dingsscheckenzüchter zu bejahen, in ihrer Zeitung richtiggehend hervorzuheben?

Garantiert nämlich: Eine menschlichere Presse, die ihre altehrwürdige, etwas dunkel wirkende Druckerschwärze ausserdem mit hellem, menschlichwarmem Humor bekömmlicher mixen sollte, könnte ihn machen, landauf, ladab: den ach so notwendigen Mut zu leben!

«Hochverehrte Festgemeinde, meine Damen und Herren, ich danke Ihnen!»

Inhaltsverzeichnis

Vom schönsten Tag in ihrem Leben	5
Euch Gemeinderäten gehört die Zukunft!	11
Relativitätstheorie im Küngelstall	18
In Bescheidenheit ergrauen	23
Der Countdown zum Höhergehtsnimmer	31
Hochverehrte Festgemeinde!	36
Schärfentiefe	42
Tante Anna weiss Bescheid	49
Die strahlende Ouvertüre zur Kunst	52
Die Erde sei uns leicht!	64
Wünschtnochjemanddaswortscheintnichtderfall	70
Vom Recht auf Dreckfehler	81
Hesch e Film drin? Muh-Muh!	90
Trink, trink, Schreiberling trink!	96
Gehrte Redackzion!	101
Der Wilddieb von St. Anthönien	108
Schlusstip: Zurück zum Menschen!	115